精準扶貧的故事

章文光／主編

開明書店

U0103573

目　錄

因為感動

—— 寫在前面的話

感動，來自祖國的大江南北。

2013 年 11 月 3 日，習近平來到湖南省湘西土家族苗族自治州花垣縣十八洞村，同村幹部和村民代表圍坐在一起，親切地拉家常、話發展，首次提出精準扶貧，發出全面打贏脫貧攻堅戰的動員令。

「滄海橫流顯砥柱，萬山磅礴看主峰。」2017 年春節，踏上久別的鄉土，我和朋友一行來到十八洞村，昔日苗歌所唱「三溝兩岔山旯旮，紅薯洋芋苞穀粑；要想吃頓大米飯，除非生病有娃娃」的窮山村，舊貌換新顏，早換了人間。

2018 年 6 月，從甲天下的秀麗山水到醉遊人的民族美景，從海上絲綢之路的重要始發港到「一帶一路」的重要門戶……我領略了豐富多彩、開放奮發的八桂大地風情。

2019 年 10 月，聽着《達阪城的姑娘》，品着如糖似蜜的哈密瓜，我和朋友上天山，臨巔悟天池，沿着吐魯番的「坎兒井」南行，順便扇了一把「火焰山」……

所到之處，所見之人，所聽之事，最多的是如何精準扶貧、怎樣

實現全面小康，最難以忘懷是百姓脫貧後的豐收與喜悅。真可謂：春華秋實鬥鮮妍，脫貧攻堅操勝券。

一位領導幹部在走訪貧困戶、慰問基層扶貧幹部途中所寫的詩歌，倏忽呈現在我眼簾：

> 不再愁房子能否擋風雨，不再愁生病能否上醫院，不再愁娃娃能否讀得起書，不再愁雞鴨能否賣到錢。
>
> 貧困戶的標籤踩在腳下，田間的歌兒唱得山水歡，紅紅的太陽掛在眼前，小康路上我把自強挑在肩。
>
> 是誰向我敞開了溫暖的胸懷，是誰讓我擼起袖子加油幹，吃水不忘挖井人，我把黨的恩情牢記在心間。

因為感動，所以心動！

「歲月不居，時節如流。」作為一名曾經的現役軍人，如何赴「前線」參加脫貧攻堅戰？身為一名現在的人民日報編輯、記者，如何深入「一線」真扶貧、扶真貧、真脫貧？平常冥思苦想，經常輾轉難眠。

踏破鐵鞋無覓處，得來全不費功夫。2019 年 9 月，參加北京師範大學組織的「聚焦精準扶貧　助力中國夢圓」研討會。師生們的精彩發言，讓我一顆怦怦的心久久難以平靜。偶然性中有必然性，必然性中有可行性。

因為心動，所以行動！

接下來的節假日、雙休日和「八小時之外」，我全身心地撲在「講好精準扶貧的故事」上。

有血有肉才是真實，真實才會生動，生動才能打動人。《腳下有路‧心中有志‧生命有光》，喬福軍夫婦身殘志堅的故事，讓人潸然

淚下;《「娘子軍」矢志打贏脫貧攻堅戰》,新時代花木蘭巾幗不讓鬚眉,讓人熱血沸騰;《織金風景飄來白果香》,黨組織的堅強領導,讓人喜不自勝⋯⋯

一顆顆閃閃發光的「珍珠」撒滿神州大地,如何找根金線穿成一串串?於是,我有了編輯出版《精準扶貧的故事》的衝動與想法。

「理想很豐滿,現實很骨感。」由於時間緊、個人能力有限,在策劃和修改《精準扶貧的故事》過程中,難免掛一漏萬,望讀者提出寶貴意見,以期改正。

當前,脫貧攻堅戰進入決勝的關鍵階段,我們務必一鼓作氣、頑強作戰,不獲全勝決不收兵。打贏脫貧攻堅戰是物質層面的,更是精神層面的。有了「敢打必勝」之信心,有了「功成不必在我,建功必須有我」之胸襟,有了「擔當的寬肩膀」之作風,有了「成事的真本領」之才幹,站在「兩個一百年」奮鬥目標的歷史交匯點上,我們一定能全面建成小康社會,一定能全面建成富強民主文明和諧美麗的社會主義現代化強國,讓中華民族以更加昂揚的姿態屹立於世界民族之林。

歐陽輝

2019 年 12 月 19 日於金台園

1 甜蜜夫妻的甜蜜事業

在十八洞村，我們特意去見了一個叫龍先蘭的小夥子。小夥子是帥哥，既硬朗，又清秀。用湘西話說，是標後生、人尖子。小夥子剛剛結婚，所有門楣和柱子上還貼着喜氣洋洋的結婚對聯和「喜」字。新婚的喜氣，生動地在他臉上泛着光暈。

龍先蘭生於 1978 年，因家庭的變故，用他的話說，前些年都白活了。家庭的不幸，龍先蘭成了孤兒。親情和管理的缺失，使他傷感、無助，像一匹脫韁的「野馬」，孤獨、暴烈。酒，成了他排遣一切的「良藥」。酒裏逃避，酒裏麻醉，酒裏歡愉，酒裏療傷。哪裏喝，哪裏醉；哪裏醉，哪裏睡。無論在家鄉勞動還是在他鄉打工，人們會經常看見一個年輕帥氣的「酒鬼」醺睡路旁。父老鄉親和他自己都以為這輩子就這麼完了，以為他這一輩子就是一個「酒糟」和「酒渣子」。不承想，習近平對十八洞村的調研，讓他起死回生，活過來了。

2013 年 11 月 3 日，習近平到十八洞村調研時，他正在廣東打工，先後開過機牀、做過零部件加工、擺弄過玩具。他當時並不知道習近平去十八洞村訪貧問苦的事，是家鄉的夥伴抑制不住興奮打電話告訴他的，他又抑制不住興奮告訴身邊的工友們。工友們得知習近平

所到的地方是他的家鄉後，就告訴他，不要再打工，趕快回去看看。

龍先蘭就這樣回到了十八洞村。

回到十八洞村的龍先蘭，第一件事就是找當時的村主任施金通要錢。施金通說沒有，他不信，又找到當時的扶貧工作隊隊長龍秀林要錢。

龍秀林說：先蘭，有了黨的關懷和溫暖，有了脫貧致富的思想、政策和理念，就是最大的財富、最大的金錢。扶貧不僅僅是送錢給物，更主要的是扶志，等、靠、要是沒有志氣的表現。你回來了，是好事，說明你有眼光，看到了我們十八洞村的未來和希望，我和扶貧工作隊的人會全力支持你、幫助你。

可是說起來容易做起來難，要這樣一匹野馬徹底收心，好好發展，不是一件容易的事。

龍秀林到十八洞村扶貧前，是中共湖南省花垣縣委宣傳部副部長，是做人的思想工作的。所以，他決定就從「人」上做龍先蘭的文章。他知道，寨子上很多人「瞧不起」龍先蘭。他很有必要做出個樣子給大家看，那就是讓龍先蘭重拾做人的尊嚴。他更知道龍先蘭之所以近似「破罐子破摔」，是因為親情缺失，孤獨無助。一

▲ 龍先蘭和吳滿金結婚照

個冰冷的、缺愛的人，需要愛來撫慰、需要愛來回暖；一個在醉酒裏走夜路的人，需要愛來為他點亮、把他喚醒。於是，他說：「先蘭，你爸爸媽媽走了，你哥哥來了，以後，我就是你哥哥，有什麼難處，有什麼想法，有什麼委屈，都跟哥哥說，哥哥會盡最大能力幫助你，哥哥不會丟下你。」

龍秀林不是說的場面話，而是真的把龍先蘭當成自己的弟弟去關心、關愛。在十八洞村的日子，他一有空就會去龍先蘭家，跟龍先蘭聊家常、聊世界、聊人生。有時候，買來油鹽米菜，就在龍先蘭家做飯吃，甚至喝一兩口。喝一兩口的目的，是為了控制龍先蘭的酒量、酒慾，不讓他喝多、喝爛，能夠自己當止就止，甚至自動放棄，見酒不沾。過年時，他還把龍先蘭帶回家裏一起過年。龍秀林的父母和愛人，都把龍先蘭當作親人，給龍先蘭買了禮物，封了壓歲錢包。

給龍先蘭溫暖，不是把龍先蘭養起來，是為了給龍先蘭力量，讓他勵精圖治、奮發圖強。所以，龍秀林又以扶貧工作隊的名義給龍先蘭聯繫懷化市安江農校，給龍先蘭交了學習培訓費，讓龍先蘭去學習培訓，見世面，長知識。兩個月的學習，龍先蘭極為認真，特別是在參觀農業科技園、產業園和觀光園時，他感受很深。龍先蘭說：「我就是通過實地參觀學習這些農業科技園、產業園和觀光園，才深刻體會到習總書記說的因地制宜，真是太好了。那些農業產業做得好的，都是因地制宜做得好的。我就開始想十八洞村是什麼條件、有什麼優勢，我怎麼因地制宜，在十八洞村發家致富。想來想去，我想到了養蜂。十八洞村花種多、花期長、陽光充足、日照時間長，空氣清新、全是負氧離子，沒有任何污染，所以十八洞村野蜂很多，特別適合蜜蜂生存。於是，我就想養蜂、割蜜，通過養蜂、割蜜發家致富。」

當龍先蘭把這些想法告訴龍秀林時，龍秀林特別高興。他知道，

這匹野馬再不是一匹醉馬，將會是一匹駿馬。這匹野馬開始有志、有智、有力了。他立刻幫龍先蘭聯繫花垣縣的養蜂專業戶，讓龍先蘭學習養蜂、割蜜。天資聰明的龍先蘭，很快就掌握了養蜂割蜜技術。學成歸來的龍先蘭試着養了四箱野蜂，當年收入五千多元。2019 年養了五十多箱，可產原生態蜂蜜五百斤，一斤兩百元，年收入十萬元。

龍先蘭說：我這是在山裏撿了十萬元啊！山是野的，花是野的，蜂是野的，蜜也是野的，我不費吹灰之力，不是撿的是什麼？

說是撿的，其實是辛苦得來的。為了掌握蜂群的生活習性，他每天都會蹲在蜂箱前觀察，甚至跟着蜜蜂，觀察蜜蜂採蜜。久而久之，他能肉眼看出蜜蜂的喜怒哀樂，分辨出哪隻蜜蜂是門衞、哪隻蜜蜂是清潔工、哪隻蜜蜂有心事、哪隻蜜蜂有喜事。對這些蜜蜂，他就像對待自己的「小寶寶」。雨天，他會蓋上薄膜，為蜜蜂遮雨；冬天，他會披上棉被，為蜜蜂禦寒；有事沒事，他都會跑到養蜂場，看看蜜蜂們是否安全，以防有什麼動物鑽進去搞破壞。生活的甜蜜，是用辛苦的汗水換來的。

有了錢，就有了找女友娶媳婦的底氣。在扶貧工作隊為十八洞村青年舉行的相親會上，龍先蘭認識一個叫吳滿金的女孩。哥愛妹有情，妹愛哥有意。十天半月就糯米粑粑滾白糖，越滾越黏糊，越滾越甜蜜。本以為白糖溶進粑粑裏了，吳滿金的父母卻堅決反對。吳滿金的母親就是從十八洞村嫁出去的，娘家的情況哪能不知？他們不相信龍先蘭這麼快就變樣了，堅決不允許吳滿金跟着他。

龍秀林哪能看到一對鴛鴦被棒打，以龍先蘭哥哥的身份，親自帶着龍先蘭上門求親。之後，又帶着龍先蘭上門認親。扶貧工作隊隊長都這麼看得起未來的女婿，吳滿金父母終於不再固執己見，把吳滿金嫁給了龍先蘭。

迎娶吳滿金那天，幾十面苗鼓敲了一天一夜，幾十個苗歌手唱了一天一夜。整個十八洞村的人都去了，整個扶貧工作隊的人都去了，在十八洞村檢查扶貧工作的花垣縣委副書記彭學康得知後，也特地趕去給龍先蘭和吳滿金道喜祝賀。

當得知龍先蘭和吳滿金想註冊一個蜂蜜商標卻不知道怎麼註冊，也不知道取什麼名字好時，彭學康把龍先蘭和吳滿金名字各取一字，取名「十八洞金蘭野生蜂蜜」，以紀念小兩口結金蘭之好、過甜蜜日子，當場安排工商部門幫他們註冊。那婚禮真是簡樸而風光啊！龍先蘭感動得當場落淚。婚禮上，他動情地說：三年前，我什麼都不是，就是路邊上的一個酒鬼、窮鬼、癲子、醉漢；三年後，我脫貧了致富了、結婚了脫單了，我要感謝鄉親們不嫌棄我、沒有拋棄我，感謝扶貧工作隊親人一樣關心我、拉扯我，更要感謝習總書記，沒有習總書記來十八洞村關懷我們、鼓勵我們，我就不會回到十八洞村，就不會攢勁搞，就不會有今天的幸福生活。我還要攢勁搞、加油幹，用實際行動感恩黨和政府，回報社會。

龍先蘭沒有食言。新婚後，他不但與吳滿金相親相愛，勤儉持家，還牽頭成立十八洞村苗大姐養蜂合作社。他把十八洞村的 5 戶貧困戶組織起來，給他們免費傳授養蜂技術，一起養蜂，一起割蜜，一起銷售，把養蜂做成十八洞村的品牌產業。他們的蜂蜜堅決不摻一滴水，堅決不放一粒糖，賣誠信蜜，賣良心蜜。結果越賣越紅火，越賣越有名。以前，一斤野生蜂蜜只能賣到一百元；如今，一斤兩百元還供不應求，早被人預訂完。龍先蘭說，我們這是幹甜蜜的事業，越幹越起勁。

龍先蘭不但帶領同村貧困戶共同脫貧，還開始帶頭參與各種公益事業。民居改造，村路整修，他都不用招呼，積極參與。十八洞村有

▲ 龍先蘭和吳滿金取蜂蜜

很多野生動物和珍稀植物，但經常被盜獵、盜伐，龍先蘭看在眼裏急在心上，主動向扶貧隊請纓，組織護林隊，他當隊長。護林隊的年輕人，每天都在山林裏輪流站崗、放哨、巡邏，抓盜伐盜獵者，促環境保護。為宣傳環境保護，維護十八洞村的美麗家園，龍先蘭和護林隊的年輕人別出心裁地赤裸上身，貼滿樹葉，一人身上寫一個字，站成一排，就是「保護森林，愛護家園」「保護家園，造福子孫」。他們還把這些宣傳活動拍成照片，放到網上，以引起更多人關注環境保護、愛護美麗家園。

　　一個昔日近似流浪的「醉鬼」，成為鄉村文明的模範。

　　讓人感動的是，這個過上甜蜜日子的苗家青年，一樣不忘甜的根源。當我們問他有什麼心願時，他跟石爬專、施成富兩家人一樣，最

想的是給習近平帶兩斤野生蜂蜜，讓總書記也分享分享一個十八洞村孩子心中的甜。幸福的臉上，春風和暢。那陶醉的眼神，好像他已經把蜂蜜送到習總書記手上一樣。

　　是的，走進十八洞村，十八洞村每一個人的臉上都是幸福的，也是甜蜜的。幸福而甜蜜的春風，洋溢在每個人的臉上和心裏，變成花朵，次第盛開。

2 貧困帽子被丟進大山深處

神山村位於大山深處，土地貧瘠、交通不便，曾是典型的貧困村。2015 年，全村 54 戶 231 人，人均可支配收入 3300 元，有建檔立卡貧困戶 21 戶 50 人，貧困發生率 22%。因為山高路險，神山村長期為窮所困，鮮為人知。

2016 年春節前夕，習近平冒雪來到村裏，看望慰問鄉親們。自此，神山村有了名氣。先是道路拓寬，再是舊房改造，接着旅遊興起，神山村舊貌換新顏。江西省井岡山市創造出「紅藍黃」精準識別模式，織就細密的脫貧保障網，於 2017 年初率先脫貧出列。神山村則是「率先中的率先」，一戶一畝竹茶果、一戶一棟安居房，廣開農家樂，織密保障網，貧困帽子被丟進大山深處。

脫貧故事，為何越來越多

村民彭夏英說，以前她和丈夫張成德先後患病，被識別為建檔立卡貧困戶。習近平來時，在她家座談半個多小時。

「總書記，問一問房子看，跟我們算收入支出賬。」那天的對話，

彭夏英記得很牢。「總書記問，黃桃、茶葉收入穩定嗎，可持續嗎？我說有分紅，還拿股權證給他看。問電視能收幾個台？我說有四五十個，總書記就拿遙控器查看。」

2016 年春節剛過，「成德農家宴」開了張。這是神山村第一家農家樂。彭夏英和張成德犯過嘀咕，本來就是貧困戶，萬一不掙錢咋辦。沒承想，遊客紛至遝來，最多時一天八九桌，一家人忙得團團轉。

「一年能掙好幾萬，黃桃、茶葉有分紅，土特產還能賣萬把元。」彭夏英說，2018 年新增了民宿，10 個牀位，增收 4000 多元。

生活有保障，脫貧可持續，彭夏英和張成德心裏的石頭，終於落了地。

這一年的春節，外出村民都返鄉過年。彭小華和妻子決定，這回不走了，就在家鄉創業。

下這個決心，其實不容易。

「過去也創業，養過娃娃魚、竹鼠、山羊，跑過班車，開過店。最難的時候，到河裏挑沙子賣。」回首過去，彭小華感觸良多，「失敗一次，就換一個從頭再來，只想走出一條路。」

彭小華會養蜜蜂。可頭幾年忙於生計，照顧不周，20 箱蜜蜂越養越少，最後只剩 5 箱。返鄉後，他有時間有精力，2018 年把規模擴大到 40 箱，不僅賣蜂蜜，還賣蜂種，一年少說能掙兩三萬元。再加上農家樂、民宿，日子比蜜甜。

村裏的笑臉牆上，10 多位村民開懷大笑的瞬間，被照相機定格。

「總書記講『不能落下一個貧困家庭，丟下一個貧困群眾』，神山村已經實現了。」當過 12 年村委會主任的賴福山，把點滴變化全看在眼裏。「村民的精神面貌真是大變樣，不像過去天天愁這個、愁那個，不知道怎麼發展。」

神山村越來越神氣，先後被評為江西省 4A 級鄉村旅遊點、中國美麗休閑鄉村、全國文明鄉村。

一方水土，何以富裕全村

黃洋界，八角樓，神山村夾在中間，位置得天獨厚。品嚐到旅遊的甜頭後，神山人認準這條「致富路」，一股腦冒出 17 家農家樂。

可搞旅遊，畢竟是新鮮事，說起來易，做起來難。

論空間規模，神山村地域太小；論旅遊產品，神山村相對單一。遊客慕名而來，不大會兒就看完，頂多拍個照、打幾下糍粑，往往飯都不吃就走了。

「服務水平、硬件都成問題，很多團隊一聽說村裏的接待能力，就不來了。」遊客需求多樣化，神山村卻滿足不了，即使遊客越來越多，但能留下來的少，村民也掙不到錢。

2018 年的一次接待活動，讓村幹部李石龍長了見識。服務人員都是借調來的，全程專業化、標準化服務。

「我們的農家樂，客人坐下，想喝茶沒茶，用餐沒紙巾，吃完飯沒牙籤。」李石龍坦言，不趕緊改變，肯定難長久。

「政府扶持我們，不是撫養我們。要是富裕不起來，那就辜負了總書記的期望。」彭夏英也擔心，單打獨鬥，成不了氣候。

一方水土，何以富裕全村？神山村尋路心切。

村裏的全國人大代表左香雲，領銜旅遊協會，對外跑市場，對內統一分配客源。村裏改造進出黃洋界的古道，建成紅軍小道，將附近紅色遺址穿珠成鏈；依託扶貧大講堂，開發精準脫貧課程，成立好客神山旅遊股份有限公司，對接紅色旅遊培訓機構。

▲ 脫貧之前的神山村

▲ 脫貧之後的神山村

致富果子，以何越結越實

新房即將完工，村民賴福山和兒子商量，只留一層自住，其他租出去，用來做民宿。

「一年租金 6000 元，有客入住，一間房一晚還能得 10 元。」這事，一家人都贊成。賴福山笑道，「我們也想沾沾旅遊的光。」

神山村有兩個村組，一個是神山組，一個是周山組，相距 1 公里。老話說，自古神山一條路，走到周山路一條，必須原路返回。雖屬一個村，倒像兩個世界：神山組遊客爆棚，周山組鮮有人至。

2017 年，有企業到神山村開發民宿。僅有 15 戶的周山組，有 7 戶簽了房屋出租合同。

「少數人富不算富，共同富裕才是真富。」掛點聯繫神山村一年多，茅坪鄉幹部李燕平說，「要讓更多村民融進來，一起增收致富奔小康。」

「脫貧致富奔小康，神山村一開始要做的事很多，變化比較明顯。現在做提升，勁都使在暗處。」在劉曉泉看來，這是必經的階段。「後續發展要靠市場，不然現在搞得漂漂亮亮，沒有市場主體運營維護，難免走向衰落。」

一系列動作，正悄然展開。向外看，黃洋界、神山村、八角樓連點成線，一條精品旅遊線路即將打通。向內看，神山學院規劃設計完成，糍粑小鎮加快推進，民宿改造雛形漸顯。

那年跟習近平一起打糍粑的李宗吾，剛把客廳的水泥地換成水磨石，二樓正逐間改造。他還有個計劃：收拾一下存放雜物的倉庫，夫妻倆住過去；騰出來的房子，全部做民宿。

之前，兒子貸款做生意失敗，李宗吾再遇事，堅決不貸款。可看

到企業投資的民宿項目進展飛快，他有些坐不住。這天，正巧趕上井岡山農商行來做金融扶貧宣講，他也領了一張票去聽。

「生活好的過得更好，生活一般的上台階，讓致富果子越結越實。」左香雲也在找資金，想幫村裏修條旅遊環形路，沿線增設攤位，讓住得偏的村民也來掙錢。

雨後的井岡翠竹身姿漸挺，愈發顯得青翠、堅忍、頑強。

「過段時間你們再來，一定又有新看頭！」這是村民們掛在口頭的話，更是他們的自信與樂觀。

3 用生命譜寫一曲脫貧攻堅讚歌

　　黃文秀、李夏冰……他們用腳步丈量大地，用汗水溫潤熱土，用生命為群眾蹚出擺脫貧困之路。據《人民日報》載，截至 2019 年 6 月底，在沒有硝煙的脫貧攻堅戰場上，全國有 770 多名扶貧幹部犧牲。

　　「為有犧牲多壯志，敢教日月換新天。」一位領導幹部在扶貧路上寫下《為了那份莊嚴的承諾》：

　　　　這條路你究竟走了多少趟／哪怕風再急雨再狂／這扇門你究竟進了多少回／寒冬送暖盛夏送涼

　　　　也曾遭遇過坎坷／也曾經歷過彷徨／為了那份莊嚴的承諾／你把堅強鎖進胸膛

　　　　人生能有幾回搏／再難的關也要闖／扶貧路上一個都沒有少／快樂在你的心頭蕩漾

　　　　這番話你究竟說了多少遍／哪怕磨破嘴喊破嗓／這件事你究竟費了多少心／起早貪黑五味備嚐

　　　　誰願意獨在他鄉／誰願意孤對月亮／為了那份莊嚴的承諾／你把人愛捧在手上

人生能出幾段彩 / 再多的累也要扛 / 小康路上一個都沒有少 / 幸福在你的臉上放光

《為了那份莊嚴的承諾》是一支動聽的歌,是一首奮進的詩,更是一種大寫的愛。

2019 年 2 月 25 日,是萬寧市北大鎮民豐村駐村第一書記、脫貧攻堅中隊中隊長李夏冰,在扶貧崗位上的最後一天。當晚,他組織貧困戶觀看海南省脫貧致富電視夜校、討論如何發展養殖產業時,突感胸悶難受,村幹部建議其去醫院看病,而他只是喝了口水,舒緩了一下,繼續工作。深夜 3 時許,李夏冰因心肌梗死去世,生命永遠定格在 50 歲。

2016 年初,海南省開展五年脫貧攻堅大會戰,李夏冰第一時間響應號召。在 3 年駐村幫扶工作期間,他所幫扶村共脫貧 64 戶 166 人,完成危房改造 35 間,教育幫扶 52 戶 77 人,實現貧困人口就業 69

▲ 民豐村召開中隊例會,部署脫貧攻堅階段性工作

人，幫助 1 個貧困村完成整村脫貧出列目標。

群眾眼中，李夏冰是一心為民的好書記，走在村子裏，群眾把第一書記親切地稱作「李主任」。

2016 年初，太陽村特困戶李高穿、吳家林 2 戶長期困難，李夏冰想方設法籌措資金，幫助他們改善了居住條件。

太陽村鄞春三夫妻正值壯年，卻因思想懶惰，找不到工作。李夏冰耐心勸說，幫助他們加入果園基地合作社進行務工。當年鄞春三夫妻靠打工脫貧，在政府補貼的基礎上，進行了危房改造。

2017 年 8 月，李夏冰得知曲衝村貧困戶文牛蠻、文亞全吃用村裏的渾濁井水後，主動上門做工作，勸其安裝自來水。可他們不以為然，認為自己吃這麼多年都沒事，水源安全沒有問題。李夏冰自掏腰包，主動為他們安裝自來水管，解決飲水安全問題。

2018 年，是萬寧市脫貧攻堅「關鍵年」。10 戶貧困戶危房改造項目存在缺少沙土、磚塊等問題，在李夏冰的協調、督促、管理下全部改造完畢，順利入住。2018 年 11 月底，民豐村委會順利通過整村脫貧驗收工作。

「我家危房改造時就因缺資金遲遲沒法完工，多虧李主任幫助，才籌集到資金。」貧困戶黃家和一家早已搬進寬敞明亮的新家。他說，「只要看到新房，就會想起李夏冰，就想哭。」

「每當夜幕降臨，我們收工回家，沒多久肯定能聽見摩托車的『轟隆』聲，那是李主任騎着摩托車來家訪。」貧困戶楊勝英還清楚記得李夏冰家訪時的場景：摩托車停在門外，李夏冰笑着進門，手裏拿着的是筆和本，一邊問一邊記。家訪完，李夏冰不抽煙、不喝水、不吃

飯，又是一陣「轟隆」，馬不停蹄地趕去另一家。

「誰家老人患慢性病，誰家孩子上小學，誰家有勞動力能幹個小活，他都清楚。」村幹部黃春蘭說，李夏冰一心為公為民，從來不計較個人得失，時常會自掏腰包幫貧困村民解決困難，他做事實在，又關心群眾，他就是我們老百姓的知心人啊！

「老李工作起來廢寢忘食，也因為這樣，他落下了嚴重的胃病。」回憶起李夏冰，村支書陳霖十分痛心，哽咽着說。

連續奮戰 3 個月，犧牲節假日及雙休日，經過李夏冰帶領村黨支部一班人的努力付出，如今村裏水、電、路等基礎設施不斷改善，村民小組活動室寬敞明亮，人均收入顯著提高。在民豐村這片 1.95 平方公里的土地上，李夏冰用腳步丈量出光輝的歷程。

在領導和同事眼中，李夏冰是一位優秀的黨務工作者，是熱愛事業的「拚命三郎」。

「對待工作一絲不苟，現代版的『拚命三郎』。」這是曾和李夏冰一起駐村兩年的市旅遊委扶貧工作隊隊員陳延皓對他的評價。

李夏冰在派出單位 —— 市旅遊委分管黨務工作，他平時都在關注困難黨員職工的家庭情況和生活現狀，經常組織走訪和慰問困難黨員職工。當他了解到有的退休老黨員由於家庭地址多次變遷與黨組織失去聯繫後，李夏冰通過同事、朋友多方打聽，多次專程登門拜訪，最終完善了旅遊委黨員聯繫簿。他還堅持定期回訪老黨員，重新搭建起老黨員與市旅遊委黨組織的「連心橋」。

李夏冰擔任駐村第一書記後，憑藉扎實黨務功底，通過團結村「兩委」班子，嚴格落實「三會一課」和民主評議黨員等制度，定期開

展村黨支部主題黨日活動，不斷提升黨支部的創造力凝聚力戰鬥力，把黨員打造成扶貧「排頭兵」。

按照抓黨建促脫貧攻堅的總體思路，李夏冰利用召開黨員大會、觀看「兩學一做」電視夜校等時機，帶領黨員積極學習脫貧攻堅的相關政策和各項惠民措施，讓黨員成為政策的「宣傳員」，把扶貧政策傳播到各家各戶。他在村裏建立起黨員結對幫扶貧困戶台賬，充分發揮黨支部戰鬥堡壘和黨員先鋒模範帶頭作用，為打贏脫貧攻堅戰奠定堅實的組織基礎。

說起李夏冰，北大鎮黨委書記文萬會的眼眶禁不住紅了，他翻開李夏冰生前微信上彙報工作的記錄：2018 年 11 月 18 日 4 時 43 分發來貧困戶信息匯總表，5 時 12 分發來貧困戶危房改造相關情況圖片，6 時 13 分發來脫貧驗收申請表……「他就是這麼拚，自他到民豐村以來，每天工作彙報都很主動、很及時，而且思路清晰，還列出工作清單逐項落實。」

▲ 駐村工作隊查看民豐村綠化美化亮化建設情況

「他是一個不訴苦，有幹勁的人。」萬寧市委組織部組織科工作人員楊子超回憶李夏冰時說，2018 年市委組織部領導多次到民豐村督導檢查駐村第一書記的工作，幾次詢問李夏冰駐村工作和生活是否存在困難，「李夏冰都回答稱『工作沒有大的困難，都有辦法解決，生活上的困難可以克服』。其實，民豐村地處山區，條件特別艱苦，可他從來沒訴過苦。」

就在李夏冰去世前，他還心繫工作，白天召開中隊例會，給新來的扶貧工作隊介紹情況，做好工作交接；晚上繼續組織貧困村民觀看省脫貧致富電視夜校節目，在節目播放結束後把新的扶貧工作隊介紹給貧困村民，只為了讓扶貧工作不斷檔。

李夏冰一人奮戰在駐村扶貧最前線，但全家人都在背後支持他，老少三代一起「扶貧」。

後安鎮金星村委會大坑園村小組李石民家，坐在木椅上 90 歲的文月連阿婆，時不時地朝大門口張望。她兩個多月沒有見到四兒子李夏冰了，家人告訴她李夏冰在海口住院。她問二兒子李石民：「老四好點了嗎？」李石民強裝歡笑：「病快治好了。」所有人都對她封鎖一個悲傷的消息，擔心她承受不住晚年喪子、白髮人送黑髮人的打擊。

2019 年 4 月 21 日是星期天，文月連阿婆算着李夏冰該回家了，鬧着要去李夏冰家，兩家間隔不到一千米。她說：「我去看看，老四該回家了。」被李石民妻子死死攔住了。

這位頭髮花白的慈祥老人，望眼欲穿，但今生永遠見不到她最疼愛的「老四」了。

後安鎮政府大院，有一排 20 世紀 70 年代蓋的平房，其中 2 間房

共 50 多平方米，這就是李夏冰的家。一間作客廳，牆上有一條長 6 米的縫隙滲漏水，天花板長着大塊的淡淡青苔，窗戶是現在很少見的木窗，防盜的鐵管鏽斷，屋頂的橫梁水泥混凝土表皮脫落，露出鏽蝕的鋼筋；朝北的住房窗台表面被雨水泡得全部開裂、翻起，露出的水泥皮，手指輕捏，立即變成粉塵。後院蓋一塊大鐵皮，是三面透風的餐廳。

李夏冰妻子黃小龍說：「他天天忙着改造貧困戶的危房，我還等着他改造自家的危房。」但她永遠等不來一生最愛、相伴相隨 25 年的丈夫。

李夏冰的大兒子李權運自幼右耳失聰，聽力二級殘疾，大學畢業後沒有找到工作。2018 年 4 月 20 日，他報考大茂鎮政府黨政辦科員崗位沒有通過。李夏冰希望他：「做能為群眾辦點事情的有用之人。」告誡他不能閑着，荒度青春，先找到工作，邊工作邊參加各級公務招聘考試。李夏冰過世前些天承諾，等扶貧工作結束後，再陪大兒子多參加幾次招聘會，定能幫助他找到心儀的工作。大兒子卻永遠等不來父親，再一次陪他參加招聘會。

李夏冰對小兒子心懷愧疚，2017 年是小兒子李儒程中考的關鍵時刻，也是李夏冰扶貧工作最忙的時候，一星期只有一天回家，根本顧不上輔導其功課。而妻子黃小龍又輔導不了他的功課，結果小兒子中考成績比預想的差很多。李儒程近期常在睡夢中哭醒，他夢見自己像小時候一樣，坐在爸爸的摩托車後座上，去兜風、逛市區吃特色小吃、買玩具。但小兒子卻永遠等不來父親，再一次帶他去兜風、逛市區了。

李夏冰的背後是老少三代在支持他，都在「扶貧」。老少三代付出的母子之情、夫妻之情、父子之情，在李夏冰身上化為人間大愛，滋潤着貧困村民的心田。

4 一位院士帶動一個少數民族縣

　　五年前，這裏是少數民族佔全縣總人口 79％的「直過民族」聚居區，貧困發生率為 29.33％的脫貧攻堅主戰場，全縣人均受教育年限僅為 6.3 年的封閉落後的邊疆地區。五年後，這裏的貧困發生率由 2015 年的 41.17％下降到 2019 年的 1.61％，貧困人口從 2015 年的 16.67 萬減少到 2019 年的 0.69 萬，實現從深度貧困的「民族直過區」到「雲南省科技扶貧示範縣」的跨越。

　　曾經擱置的「冬閑田」變成「效益田」，平均畝產 3300 公斤冬季馬鈴薯；未曾開發利用的人工松林，成功開闢出科學種植有機三七；昔日人畜共居、污水橫流的山村，變成了亮化、綠化和美化的美麗村寨……中國工程院院士朱有勇的定點科技幫扶，推動瀾滄拉祜族自治縣發生深刻變化。

變化一：科技創新使高原特色優勢產業日益壯大

　　2015 年，朱有勇接到去與緬甸接壤的瀾滄拉祜族自治縣進行駐鄉扶貧的任務。當時，剛剛過完 60 歲生日的他來到距昆明約 600 公里的

瀾滄縣。

瀾滄縣位於我國滇西南邊陲，縣內邊境線長達 80.5 公里。少數民族佔全縣總人口的 79%，其中拉祜族、佤族、布朗族是由原始社會跨越幾種社會形態、直接進入社會主義社會的「直過民族」。這裏自然資源富集，生態環境優良，立體氣候明顯，但由於社會發育程度低、交通信息閉塞、教育水平低等原因，當地經濟基礎薄弱、生產方式落後，長期靠天吃飯，貧困面廣、貧困程度深。

改變從深入了解開始。朱有勇長年致力於生物多樣性控制植物病害的研究，一到瀾滄縣，他就帶領團隊對當地的氣候、土壤、降雨等自然條件進行科學分析、對症施策，將當地缺什麼和有什麼有效結合起來，根據當地獨特的地理氣候條件和豐富的資源稟賦尋找突破點，找準發展高原特色現代農業的新方向。

瀾滄縣境內有 20 萬畝退耕還林的思茅松，朱有勇團隊欣喜地發現：雲南松、思茅松與三七之間具有相融相生的特性，松林可以為三七提供天然「涼棚」，而松樹揮發、淋溶的哌浠類化合物、松林下的土壤微生物、松針掉落後腐爛所形成的有機質，都能促進三七生長，還能抑制病原菌的生長。松林氣候環境也非常適宜三七生長，發展林下有機種植還能有效緩解因連作障礙導致的土地匱乏問題。

朱有勇和團隊經過大量艱苦的實驗、試點、示範，構建了嚴格的技術標準和規範，成功攻克相關難題，創建起林下三七有機種植關鍵技術體系，確保林下三七產業的科學性和市場競爭力。

運用這種技術體系，利用林下資源讓三七的生產從農田重新返回到適宜生長的原生態環境中去，不使用遮陰網、不使用一滴農藥、不使用一粒化肥，在保證藥材優質生產的同時大大降低了生產成本，實現了以藥材品質為導向的種植技術創新。這樣種植出來的三七，既滿

▲ 朱有勇院士講授林下三七種植技術

足市場對生態有機中藥材產品需求，又不與糧和菜爭地，探索出產業發展的新路徑。

有縱深突破，也有橫向拓展。朱有勇堅持依靠科技發展產業和制定規劃，將「輸血式扶貧」轉變為「造血式扶貧」。在他的帶領下，林下三七、冬季馬鈴薯、冬早蔬菜、早熟葡萄種植和禽畜養殖等項目示範點建設不斷拓展。迄今已建立林下三七科技成果示範樣板 11 個，示範種植 7305 畝；在竹塘鄉蒿枝壩開展 100 畝冬季馬鈴薯示範種植，當年平均每畝為農戶增收 3000 至 5000 元，示範帶動效果明顯。2017 年示範種植擴大至 1000 畝，2018 年推廣種植 10000 畝，2019 年冬季種植 15000 畝。示範種植冬早蔬菜 100 畝，已帶動周邊農戶種植 600 餘畝，初步建成冬早蔬菜種苗基地。通過多個科技扶貧示範項目基地，持續將科技創新成果轉化為生產力。

在推進產業脫貧中，朱有勇探索出「政府＋企業＋科技人員＋農戶＋社會組織」的科技扶貧新模式──地方黨委、政府抓統籌、抓監管，企業出資金、找市場，院士專家出技術、出標準，農戶出林地、出勞力、獲得報酬，協會、合作社負責行業協調。這種模式構建起政府、企業、專家、農戶等多方之間的利益連接機制，讓各方的積極性都能在產業中體現，具有示範、複製和推廣的意義。

當地人算了筆賬，承包林地種植林下有機三七的農戶，不僅可以獲得管理林地、勞務所得、土地流轉等方面的收入，還將獲得該地塊企業利潤的 15% 分紅。按照每戶農戶出租、管理 10 畝林下有機三七計算，第一年收入可達 2 萬餘元，實現脫貧；第二年可收入近 8 萬元。

變化二：科技培訓的作用日益凸顯

在瀾滄縣，群眾文化素質普遍偏低，封閉的自然地理環境、獨特的民族習俗和語言文化，素質性貧困是當地貧困的重要原因。

朱有勇團隊開展有針對性的職業教育、素質教育，傳播文化知識和科學技術，讓貧困群眾盡快補齊科學文化素質短板、提高農業生產技能。

朱有勇協調整合雲南農業大學教師和瀾滄職中教師團隊，創辦「鄉（鎮）農技人員＋學員＋農戶」模式的院士專家科技扶貧指導班，包括全日制的長期班和各種實用農業技術的短期培訓班。以在瀾滄的各個產業示範點為實訓基地，面向全縣各鄉（鎮）農戶招生，立足實際，培養職業技術人才，採取邊學習邊生產的方法，面對面、手把手將農業生產技能傳授給廣大貧困群眾。畢業考核不筆試，就看誰學習之後種出的產量高。產量最高的農戶，還會得到朱有勇院士自己出資

設立的獎學金以資鼓勵。

目前，院士專家科技扶貧指導班已陸續開展林下三七、冬季馬鈴薯、蔬菜、中藥材資源、畜禽養殖、電子商務等培訓班共計 24 期，培訓農民學員 1500 餘名，村組幹部 600 多人次，湧現出近千名致富帶頭人。這些培訓班學員學成返鄉後，成為當地科技脫貧的骨幹，像一顆顆脫貧致富的「種子」撒遍瀾滄大地，形成脫貧攻堅的「星星之火可以燎原」之勢。

這也是朱有勇的心願：脫貧致富的內生動力不斷提升，實現了「要我發展」到「我要發展」的根本性轉變，同時使得科技培訓在長效扶貧脫貧過程中的助推作用日益明顯。

朱有勇還有更長遠的想法。在成功舉辦多期培訓班的基礎上，針

▲ 竹塘鄉蒿枝壩 100 餘農戶正在種植冬季馬鈴薯

對民族貧困區發展特色農業技能型人才匱乏的實際，他積極推動興辦勤工儉學、半工半讀、教育與生產勞動相結合的新型職業學校，旨在培養一批面向農村的技能型人才、致富帶頭人和新一代農民，走一條具有地方特色的職業教育扶貧道路。

這將實現科技培訓覆蓋當地全部農村人口，並輻射帶動周邊的西盟、孟連兩個貧困縣，使「邊三縣」更多適齡青年和貧困群眾接受職業教育和職業培訓，促進繼續升學或就業創業，推動區域經濟社會發展和脫貧攻堅。

變化三：科技扶貧影響日益深遠

從田間地頭到山間林地，從基層一線到農戶家裏，朱有勇帶着團隊跑遍瀾滄縣的全部 20 個鄉鎮。朱有勇的家在昆明，三年來他已記不清往返昆明和瀾滄多少次。

為最大限度幫助農戶增加收入，朱有勇將自己的林下有機三七種植技術與知識產權無償教授和贈送給廣大農戶。林下三七和冬季馬鈴薯產業在推廣初期，很多農民都心存懷疑。朱有勇就和農民同吃同住，一起下地幹活，用通俗易懂的方式反覆講解和示範，最終讓農民通過沉甸甸的收獲和實實在在的收入相信了科技的力量。

朱有勇心繫脫貧攻堅事業的精神打動、感召和激勵着他身邊的科研人員，雲南農業大學 50 多名教授、博士和碩士紛紛加入朱有勇的團隊，把論文寫在祖國的大地上。朱有勇把科研團隊從學校帶進「扶貧大軍」，以廣闊的瀾滄大地為實驗室，將科研成果轉化成幫助村民脫貧致富的真招實招。

僅僅三年，瀾滄縣當地種植、養殖產業逐漸發展壯大起來，村

民錢包鼓起來，農村面貌發生顯著變化。不少農戶實現人畜分離，雞圈、豬圈收拾得很整潔，沖水式公共廁所逐步推廣起來。當地村民素質得到顯著提升，精神面貌進一步發生轉變，煥發出向上好學的勁頭、奔頭。

村民實實在在增加收入，地方切切實實改變面貌，貧困群眾從靠天吃飯到坐上脫貧致富的「高速列車」。當地人親切地將朱有勇在瀾滄縣竹塘鄉蒿枝壩村的住所，稱為「院士小院」或「科技小院」。

朱有勇跟當地村民結下深厚的友情。殺豬飯是當地的一種民族風俗，每逢這種盛宴，村民們都會邀請朱有勇去家裏分享，這是村民們表達尊敬和感恩的最高禮俗。好幾次朱有勇要離開村子時，就有不少村民自發跟在後面，一起唱着當地的民族歌曲《實在捨不得》：「最怕就是要分開，要多難過有多難過，最想的就是你再來，要多快樂有多快樂……」

每逢這種情景，朱有勇這個爽朗豁達、鐵骨錚錚的高原漢子都忍不住眼眶濕潤，「現在他們離不開我，我也離不開他們。」

5 「人民教育家」樂當入黨介紹人

　　2018 年 6 月，天鎮縣委組織部收到一封特殊的入黨推薦信，信是年過九旬、有 75 年黨齡的中國人民大學教授衞興華親筆手書，被推薦人是一名普通的天鎮保姆 —— 康金花。2019 年獲得「人民教育家」國家榮譽稱號的衞教授，為何給一名普通的保姆做入黨介紹人呢？

　　故事要從天鎮保姆品牌打造之處說起。

　　「天鎮保姆」品牌是天鎮縣在脫貧攻堅實踐中，成功走出來的一條脫貧路徑，榮獲「2015 年全國十大社會治理創新獎」。截至目前，天鎮縣已向北京、天津、太原等地成功輸出保姆 8300 餘人，人均年收入 3.5 萬元，每年創造勞務收入達 2.5 億多元，帶動 1 萬多名貧困人口穩定脫貧。8 名婦女在美國、加拿大就業，月收入萬元以上，創造巨大的政治效益、社會效益和經濟效益。

「苦日子」逼出的脫貧計

　　天鎮縣位於山西省東北部，地處晉、冀、蒙三省（區）交界處。全縣轄 12 個鄉鎮，227 個行政村，總人口 22.56 萬人，農業人口 19.1

萬人。長城、古堡、名剎……眾多歷史文化遺跡，見證了這個塞北邊城輝煌而厚重的過去。

然而，當時間跨越到現代，這座古老的小城卻備受貧窮困擾，國家級扶貧開發工作重點縣、燕山—太行山連片特困地區、山西省十個深度貧困縣之一，一頂頂貧困帽子壓得幹部群眾直不起腰。脫貧致富是天鎮縣面臨的當務之急。窮則思變，變則可通。天鎮縣農村富餘勞動力 5.4 萬左右，其中婦女 2.6 萬人，這是資源優勢，再加上天鎮距北京不到 300 公里且交通便利的區位優勢，打造保姆勞務品牌，進軍北京家政市場，潛力巨大。

為了動員大批閑散婦女，踏上創業脫貧之路，天鎮縣委、縣政府一班人深入調研，組成強有力的宣傳動員團隊，鑽山溝、入農戶，坐在炕頭上不厭其煩地給貧困群眾算比對賬、增收賬、長遠賬，動員她們衝破「自身觀念關、丈夫面子關、子女理解關、村幹部思想關、村民輿論關」，勇敢地走出家門，用自己的一雙手打拚自己的幸福生活。

2012 年，天鎮縣陽光職業培訓學校掛牌成立，首批報名學員 23 名。從坐姿站姿、沏茶倒水，到菜肴烹調、家居保潔、家電使用，嚴格的培訓，使得這些準保姆練就一身過硬的持家本領。2013 年農曆臘月二十四，「天鎮保姆」馳援北京春節期間「保姆荒」，23 名保姆兩天內全部順利就業上崗，

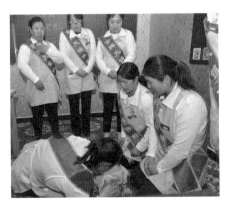

▲ 天鎮保姆成人護理培訓現場

憑藉勤勞、善良、樸實、誠信的品質和嫻熟的家政實操，以及服務「三承諾」——滴滴一響、保姆到崗，服務不滿、隨時調換，工作提檔、工資不漲；誠信「四心級」——交給鑰匙放心、交給小孩放心、交給老人放心、交給鍋灶放心的品牌特色，很快得到京津家政市場的認可。2013 年 4 月，央視《朝聞天下》「走基層——天鎮保姆進京記」中，「天鎮保姆」品牌第一次在全國人民眼前閃亮登場。此後，「天鎮保姆」品牌越叫越響，天鎮保姆不但在京津扎下根，還走出國門，進入美國、加拿大市場，工資每月 11000 — 20000 元。

「繡花手」撐起頂梁柱

2015 年春天，康金花咬着牙走進天鎮保姆培訓基地的大門，成為天鎮縣脫貧攻堅「保姆軍團」中的一員。

康金花是三十里鋪村一名普通的農村婦女，家裏十來畝薄田，鹽鹼化嚴重，夫妻倆一年忙到頭，日子還是過得緊巴巴的。貧賤夫妻百事哀，老人看病、孩子上學，四處借錢四處碰壁，讓她嚐盡生活的辛酸，剛過中年的她，皺紋早早爬滿額頭眼角。男人是老實巴交的莊稼漢，所有的本事都在犁耙鋤鐮上。

「說話唯唯諾諾，不敢抬頭看人，看得出，貧窮的生活讓她心理極度自卑。」說起初見康金花的印象，天鎮縣陽光職業培訓學校校長李春這樣說。

在這座號稱「保姆大學」的培訓基地，她接受了系統的家政服務培訓，小到站、坐、行、沏茶倒水等禮儀細節，大到菜肴、烹飪、營養配餐、家居保潔、電器使用、衣服洗滌收納，以及老、病、幼、孕照料護理，涵蓋家政服務方方面面。經過一系列正規培訓，2016 年 5

月 20 日，康金花如願踏上去北京的列車，爾後受僱於北京一家退休幹部家庭。

康金花吃苦耐勞、淳樸善良的品質，深深打動了這家退休幹部家庭。康金花的工資也從每月 2500 元一直漲到 5500 元，高於當地中級教師的工資，每年能給家裏帶回 5 萬元的收入，支持家裏買了 50 隻羊，還承包兩個蔬菜大棚。女兒大學畢業，被北京一家外企錄用，月薪 1 萬多元，兒子順利考上大學，這個曾經貧窮的家庭，搭上了致富的列車，這個原本陰雲滿佈的家庭，又恢復了往日的歡聲笑語。「好日子不會天上掉下來，咱女人這雙手不單單能繡花做飯，也能撐起一個家」，康金花自信地說。

觀念的壁壘一旦打破，湧動出的是滾滾的務工脫貧熱潮，帶回來的是實實在在的經濟效益。在京保姆一個月的工資甚至高於當地農村貧困家庭一年的收入，隨着「一人走出去，全家能致富」這句口號變成現實，保姆輸出已成為當地貧困家庭脫貧的主要產業之一。

「新理念」謀劃出升級路

「天鎮保姆」這一品牌叫響後，保姆需求與日俱增。然而，讓「天鎮保姆」進一步發展面臨諸多現實困難：培訓機構軟硬件條件差，適齡勞動婦女越來越少，保姆輸出數量逐步呈現萎縮態勢，品牌升級勢在必行。

「天鎮保姆」品牌發展遭遇瓶頸。與此同時，康金花的家政工作也遇到挑戰。衞興華教授晚年筆耕不輟，致力經濟理論研究，案頭工作極為繁重。康金花想幫助老教授分擔一些諸如整理書稿、歸檔文件的基礎工作，但自己不懂使用電腦，心有餘而力不足。一次，康金花

錯把衞老的書稿歸入資料檔案，老教授委婉地批評了她。這讓康金花下定決心，要提升自己的知識水平。

到哪裏去學？康金花一時間求學無門。

就在她一籌莫展之時，老家傳來喜訊。天鎮縣委、縣政府堅持問題導向，因勢利導，着力打造「天鎮保姆」升級版，走出一條精準扶貧、精準脫貧的新路子，用改革的思路、創新的辦法、市場的機制破解「天鎮保姆」發展困局。

2017 年 7 月，成功引進國內最大的職業教育集團 —— 北京商鯤教育控股集團，成立「天鎮保姆」大同培訓基地，基地依託商鯤集團的合作校資源，以先進的辦學理念，科學的專業和課程設置，實用的實操設計，實現模式輸出、規模擴張。目前，首批學員 200 人已成功就業。2018 年，天鎮縣與北京大同商會達成合作協議，成立「天鎮保

▲ 天鎮保姆參加計算機培訓

姆」北京培訓基地，掛牌成立天鎮保姆家政服務中心、天鎮保姆會員之家、天鎮保姆黨員之家，「天鎮保姆」品牌正在實現由培養輸出一個縣的保姆朝着惠及全省各地貧困婦女、由單純就業向以就業帶創業、由勞務輸出向品牌模式輸出的華麗轉變。

2018年，康金花走進「天鎮保姆」北京培訓基地，進行電腦、打字等內容的再培訓，她很快就成為老教授得力的「文案助手」。同年6月，衞興華教授向天鎮縣委組織部推薦康金花入黨，經過組織的考察，康金花如願成為一名預備黨員。在入黨申請書中，康金花動情地寫道：「感謝黨和政府讓我重新認識了自己，感謝黨和政府讓我過上了好日子。」

如今，「天鎮保姆」已成為一個特色品牌，一種經濟現象，一項脫貧致富的主導產業。「十三五」時期，天鎮縣繼續組織開展「萬名巾幗闖京城，勞務增收創新業」行動，拓展打造保姆、保安、保潔、護工「三保一護」特色勞務輸出品牌，讓特色勞務經濟這條精準扶貧之路拓得更寬、走得更長，力爭到2020年勞務輸出1萬人，實現勞務收入3.5億元，讓成千上萬個「康金花」實現自己的人生價值，奮鬥出屬於自己的好日子。

6「人民滿意的公務員」為何有他

　　據新華社 2019 年 6 月 25 日報道，中共中央組織部、中共中央宣傳部關於表彰第九屆全國「人民滿意的公務員」和「人民滿意的公務員集體」的決定正式公佈，在全黨上下深入開展「不忘初心、牢記使命」主題教育，以嶄新面貌迎接中國共產黨成立 98 周年、中華人民共和國成立 70 周年之際，為表彰先進、弘揚正氣，激勵廣大公務員新時代新擔當新作為，建設忠誠乾淨擔當的高素質專業化公務員隊伍，中央組織部、中央宣傳部決定，授予徐敏等 192 名同志全國「人民滿意的公務員」稱號，授予中關村管委會創業服務處等 98 個單位全國「人民滿意的公務員集體」稱號。在這次受表彰的全國「人民滿意的公務員」名單中，河北省石家莊市工商業聯合會黨組成員、祕書長，駐平山縣下槐鎮南文都村第一書記張端樹赫然在列。

　　2016 年 2 月底，石家莊市工商聯副主席、扶貧工作組組長張端樹帶着鋪蓋捲兒和米麵糧油進駐平山縣下槐鎮南文都村。剛進村時，村裏到處殘牆斷壁、污水橫流、塵土飛揚，髒亂差不忍細看。短短 3 年時間，通過引進 11.78 億元的產業項目，搭建村企合作平台，徹底改變了村裏的貧窮落後面貌。

撲下身子挖「窮根」

剛到村裏時，張端樹兩眼一抹黑，扶貧從哪裏下手？當天，與村「兩委」班子接洽後，他請村支書帶着到村裏走走，看看村裏的大致環境。當時，他們沿着村裏泥濘的道路前行，偶爾遇見村民，有的給支書點點頭打個招呼，而對工作組要麼視而不見，要麼只是用餘光打量一下，眼神中充滿着冷漠與隔閡。

原來，經歷多次扶貧，村民對脫貧大都失去信心，認為他們是「葫蘆瓢」，不過是來「鍍鍍金」而已。那天晚上，張端樹輾轉難眠。村裏破敗的環境，村民不信任的眼神，無不讓他感到巨大壓力。但是，張端樹沒有氣餒，因為他的家鄉在四川省蒼溪縣，也是貧困山區。他能夠理解村民們因貧窮而麻木的心態，一切的一切反而更加堅定了張端樹扎根扶貧的決心。

沒有調查了解，就沒有發言權。張端樹帶着同事挨家挨戶走訪。雖然常遇「冷眼」，多次吃「閉門羹」，但他總是迎難而上，毫不氣餒，深挖「窮根」。

經過調查，張端樹摸清了村裏貧困落後的主要原因。一是人多地少，耕種方式傳統，農作物產量少。二是村民習慣自給自足的農耕生活，與外界接觸較少，視野狹窄，思想相對保守，等、靠、要觀念較嚴重。三是以往扶貧基本屬於「輸血式」扶貧，村民增收沒有保障，對脫貧致富缺乏信心。

「根」摸着了，那就從「根」上下手。他首先將貧困戶劃分不同類別和層次，分別採取政策兜底、技術培訓、產業帶動等幫扶方式，因人施策、因戶施策。村民們看到這次來的工作組與以往扶貧方法不同，逐漸對工作組信任起來。

放下身段做「家事」

張端樹在村裏工作時，學着說村民的「土話」，跟着村民生活節奏吃住和勞動，拉近了與群眾的距離。有的村民說：「張書記能和我們一起爬山鑽林，不擺架子，不擦凳子，有啥說啥，是個實在人，像個做實事的人。」

為徹底讓村民振奮信心，張端樹決定開展村容村貌整治。他親自與企業溝通協調，籌資 600 多萬元資金，先後拆除土建廁所 100 多座、豬圈 90 多個、破舊圍牆上千米，完成 2000 多米街道的硬化和綠化，鋪設覆蓋全村的供水和排污管道，為所有村戶改造沖水廁所，裝上 100 多盞太陽能路燈，建成兩個文化廣場和一個文化長廊，對文

▲ 扶貧幹部張端樹採取村企協作方式開發的荷花池景觀項目

化活動室、古戲台進行修繕，村容村貌煥然一新。白天看小村整潔美觀，晚上再也不黑燈瞎火。

在整治期間，張端樹與村民一起幹活，鏟土推車，搬石砌牆，哪裏髒哪裏累哪裏就有他的身影。不拿村裏一分錢，沒吃村民一口飯，但把村裏事當自家的事幹，真的是「帶着一顆心來，不帶一根草走」。許多村民說：張書記到我們村兩個多月，他從張主席變成張書記，從城裏人變成村裏人，從局外人變成自家人。

千方百計尋「出路」

張端樹駐進村裏後，經常思考南文都村的發展出路在哪裏？通過調查、類比、辨析之後，他和同事形成共識：扶貧的核心是產業扶貧，產業不發展，經濟不活躍，貧困農村將失去活力與生機。

經過深入調研，張端樹與村幹部最終敲定以引進企業投資，通過整合土地、山林等資源，借勢西柏坡紅色景區，打造農業生態園項目，形成以種、養、休、遊、娛為特色的現代田園綜合體，讓產業扶貧帶動群眾脫貧致富。

搞產業扶貧，如剝繭抽絲，每一步都得走好才行。土地流轉，是產業扶貧的第一步。當時村民甚至村幹部都擔心，土地流轉了，結果項目沒搞成，怎麼辦？面對村民的疑慮，張端樹連續召開七次村「兩委」會和兩次黨員大會，闡述發展思路，協商流轉價格和合同條款，以「螞蟻啃骨頭」的精神做通村民的工作。在村民代表大會上，60多名村民代表一致通過發展產業項目的表決。

當然，張端樹更清楚，如果選不好投資企業，項目搞成爛攤子，脫貧就會泡湯。因此，選好企業成為工作組和村幹部認識上的最大公

約數。張端樹通過工商聯網站、微信群等媒介，向全市民營企業、下屬商會發佈《民企助推精準脫貧倡議書》。

扶貧者，人恆愛之；濟困者，行善積德。涓流共匯，足以湧成江河；綿力齊聚，定能眾志成城。倡議書發出後，企業家紛紛伸出援助之手，先後有 100 多家企業來村裏考察。經過一個多月考察和專家評估，確定由河北柏勝集團注資南文都村，主導建設文都河農業生態觀光園項目。

園區項目規劃佔地 5300 畝，採取公司＋合作社＋農戶建設模式，在發展種植、養殖業的同時，開發旅遊、文化等產業。項目總投資 11.78 億元，共分三期建成。建成後，可解決當地富餘勞動力就業 300 餘人，帶動文都河流域 3 個村莊 1500 人發展生態旅遊和農家樂。2016 年 6 月，項目分別在河北省「千企幫千村」精準扶貧啟動儀式及省國際經貿洽談會項目簽約儀式上正式簽約。

園區項目的啟動，開創村企合作扶貧的新模式，使南文都村扶貧進入一個新里程。截至目前，園區建設已完成投資 8000 餘萬元，開墾和改造荒坡、河灘地並種植高價值經濟作物上千畝，水源治理 80 餘畝，加固堤壩並清理河道 2000 多米，完成所有基礎建設，初步形成種、養、休、遊、娛「一條龍」生態旅遊產業。

村企合作謀「共贏」

為使產業項目早日惠及村民，張端樹又想方設法搭建村企合作平台，創新脫貧模式。以村土地、林場、勞動力為資本，入股園區建設，開拓出一條村企共建、共謀、共贏的路子，讓村民有奔頭，真正得到實惠。

土地流轉使村民獲得穩定收益，僅一期工程流轉土地 1200 畝，涉及村民土地近 400 畝，每年支付村民土地流轉金近 40 萬元。園區

優先僱用本村村民，2016 年以來，園區用工 4 萬多人次，僅支付工資達 400 多萬元。引導全鎮貧困戶以扶貧資金入股園區建設，年底獲得 10% 分紅，先後有 700 餘戶近 2000 人入股資金 240 餘萬元，累計獲得分紅近 70 萬元。

正在園區忙碌的范圈桃最有發言權，這位 46 歲的農家婦女聊起發生在自己身上的新變化，笑得合不攏嘴。在項目啟動前，除了打零工，范圈桃大部分時間都圍着自家的一畝七分地轉，「風調雨順的年景，一年能掙個幾百塊錢，遇到光景差，一年的收成都得泡湯。」園區項目的啟動，讓她的生活完全變了樣。「企業進來了，土地流轉出去，每年租金收入 1500 多元；在園區打工，每月工資 1800 多元；全家 5000 元扶貧資金入股，每年能拿到分紅……現在，俺作為園區的預備骨幹，進行為期一年的培訓。接下來，俺就要成為技術員工，管理咱們園區的葡萄園啦。」說起眼前的好日子、講到未來的好光景，范圈桃臉上樂開了花。

2017 年，張端樹又採取企業出資入股、村企合作開發的模式，投資 120 萬元修建荷花池景觀帶項目。通過開設垂釣、划船、採藕等休閒項目，打造集生態旅遊、綠色養殖、休閒娛樂於一體的綜合產業項目，與南文都秀美鄉村景色、生態觀光園景區相輔相成，必將吸引大量遊客駐足觀光、旅遊休閒。

經過大家的共同努力，南文都村發生翻天覆地的變化。美麗的荷花成了遊客打卡的地標，村裏有個在北京讀研究生的青年人范震，每次回來都會把村裏變化發到朋友圈。他說，鄉村變美了，黨的扶貧政策真好，讀完研究生，我也要回家鄉創業。看到村裏的變化，93 歲的老黨員范更順特別高興，他對央視的記者說：「村裏的一切都是黨和政府給的，感謝黨，黨的扶貧政策好！黨培養的幹部就是好！」貧

▲ 文都河農業生態觀光園項目中的百畝葡萄種植園

困戶范建軍的妻子長年患病，兩個孩子還要上學，家裏十分困難。如今范建軍在園區打工既能掙到錢又能照顧到家裏。2018 年家裏裝上熱水器，他 70 多歲的老母親像個孩子似的奔跑到張端樹面前說：「張書記、張書記，我家能洗澡啦。」那一刻，張端樹流淚了，流的是喜悅的淚，欣慰的淚！

馳而不息忙「摘帽」

張端樹在「造血扶貧」的同時，巧借外力，幫助貧困戶解決實際困難。先後組織多家商會與貧困戶結成幫扶對子，解決 12 戶貧困戶

子女小學到大學的全部學費，為村裏剛畢業的大學生提供就業崗位，對五保戶和負擔較重的貧困戶提供捐助。多次組織民企開展「送溫暖」等活動，看望慰問貧困戶。

張端樹對貧困戶的牽掛，范來生最有體會。作為村裏的貧困戶，范來生長期患病無法勞動，女兒又上大學，生活壓力很大。張端樹不僅幫他辦理低保，而且經常探望。2019年5月，新華社和中央電視台的記者到村裏採訪。當時，工作組正請工人給范來生家蓋房子，張端樹正好在查看情況。檢查完臨走時，張端樹禮節性地說了聲「再見」，轉身就走了。正在與記者聊天的范來生忽地站起來，追出門外。只見范來生邊追邊大聲地喊：「張書記，你可不許走。」原來，范來生以為張端樹真要離開村裏回市裏工作了。當時，記者捕捉到這個細節並在央視《焦點訪談》節目中進行了播出。正如節目中記者所說，扶貧幹部只有為老百姓做了實事，他們才如此真心挽留。

2018年，根據全市扶貧工作安排，前期扶貧幹部將輪換回原單位工作，可張端樹考慮到南文都村項目扶貧工作正在發展中，他主動請纓留在南文都村繼續帶領老百姓致富。在平山縣200多個駐村工作隊中，張端樹是唯一沒有輪換的第一書記。這次扶貧工作為期3年，意味着1095天、張端樹繼續與大山為伴。

7 跑好自己的「那一棒」

精準扶貧、精準脫貧是一場「限時賽」，也是一場「接力賽」，不可能「畢其功於一役」，需要每個人都跑好自己的「那一棒」。

趙長松，來自順義區後沙峪鎮。作為北京市第三批援青幹部，到玉樹藏族自治州曲麻萊縣任副縣長。他聚焦「兩不愁三保障」做好援青工作，展現首善風采。

位於青海省西南部的玉樹藏族自治州是三江之源，曲麻萊縣是黃河源頭，長江源區。全縣 2218 條河流，都匯進長江、黃河。這裏環境艱苦，縣城海拔 4200 米，一年只有兩個季節：冬季和大約在冬季。

社會扶貧網讓愛在陽光下連接起來。2018 年 7 月，趙長松去葉格鄉時，鄉長說：貧困戶才仁卓瑪的女兒在州上住院。孩子的父親 2017 年去世後，家裏全空了，母女兩人在別人家借住，在州上看病，吃飯的錢都沒有了。

趙長松用上社會扶貧網，編輯求助信息，第一天轉發，朋友圈捐款 7000 多元，第二天北京的同事們紛紛幫忙轉發。連續三天，捐款達

▲ 曲麻萊縣打通縣城到巴干麻秀村公路大會戰

到兩萬元,保障孩子治好了病重返校園。藉這個機會,他給 19 個村級信息員培訓,幫助有困難的貧困戶發佈求助信息,應尕出了車禍、永吉需要手術、仁青要去西寧讀書,這些需求都得到回應,一年不到,收到 10 萬元的社會捐款。

　　2019 年元月開始,玉樹發生五十年不遇的大雪災,全州 15 萬人受災,牛羊死亡超過 4 萬頭。北京市緊急行動支援玉樹 2500 萬元救災。曲麻萊縣第一時間打通道路,把草料、煤炭送到牧民手中。

　　趙長松的聯點崗當村,災情嚴重,村裏反映棉衣棉被不足、牧民缺少大頭皮鞋。他抓緊聯繫,順義區民政局積極響應,支援 20 萬元救災資金,把 600 件棉衣棉被郵寄到縣上。5 月 12 日最後一批救災物

資發放時，天空還在下雪，但曲麻萊已恢復生產。

李昕，來自北京市密雲區城管委。作為國家級貧困村 —— 河北省灤平縣北馬圈子村的包村幹部，他負責幫扶兩戶貧困戶。

第一次去貧困戶老宋家，李昕還沒進門，就聽見身後的街坊交頭接耳地說：「看看，那外地小夥子上老宋家了嘿！」原來，他們沒把李昕當村鎮幹部，而是個「外地人」，李昕心裏不由得咯噔一下。等他一進屋，尹大媽就說：「你看看，我家什麼像樣的都沒有，這舊的電視、冰箱還都是我兒媳婦的嫁妝。你說，你能幫我做什麼？」這一串話說得李昕都反應不過來，滿腔熱情被潑了一盆冷水。

可李昕並沒有放棄，繼續堅持進村入戶，向受幫扶的貧困戶介紹縣裏的扶貧政策，可他們總是不相信。有一回，尹大媽兒媳婦不耐煩地說：「這回是簽字啊，還是按手印？這事兒啊，以後少來啊。」鬧得李昕真是下不來台。他自己想，心裏總是這麼隔着可不是個事，要把自己這個「外地人」向村裏人轉變。

此後，李昕借助密雲區對灤平縣的扶貧支持，與鎮幹部及駐村工作組積極協調，為村裏爭取扶貧資金 400 餘萬元。眼瞅着村裏的村容村貌得到改觀，大家對這個「外地小夥」的看法也有了改變，都說：「別看這個北京的幹部歲數不大，還真幹實事兒啊！」

對老宋家，李昕可沒放鬆，經常去看看。他篤定一條：你就是塊石頭，我也把你焐熱！2017 年 8 月，在李昕和村幹部的引導和協調下，老宋鼓足勇氣入股縣裏一家農業開發公司。9 月份，李昕又推薦他任職村裏的護林防火員。老宋有了工作，還成了股東，一家的生活發生很大變化。僅僅一年，家裏蓋起 3 間新廂房，原來的三間正房也

▲ 扶貧幹部李昕走訪幫扶貧困戶

裝修了，還置備了很多新傢具。尹大媽見到李昕，就熱情地說：「大姪子，你看看這新房，我們借了點錢，加上這兩年掙的，說砌還砌起來了。多虧你幫着你大叔！今兒在家吃飯，一定喝點！」從一個「外地人」變成大姪子，這不僅增強了李昕做好扶貧工作的信心，而且讓他的工作能力得到了鍛煉和提升。

邵奎東，來自門頭溝區應急管理局。作為北京市第四批掛職幹部，到內蒙古自治區烏蘭察布市察右翼後旗擔任旗委常委、政府副旗長。

剛到察右後旗，邵奎東和其他幹部一樣，每天進村入戶搞調研。有一天，他來到貧困戶石新家走訪。一進門，就看到女主人梁秀躺

在牀上哭。邵奎東關切地上前問道：「大娘，您這是怎麼了？」大娘說：「我的腿骨折了，大小便失禁，站不起來，疼得厲害。因為家裏沒錢，沒法去醫院，就這麼一直扛着。」

「那怎麼行呢，不治療怎麼康復？走，我送您去醫院。」邵奎東打車把大娘勸送到旗醫院，替她交了住院押金，辦理住院手續。在這期間，他多次購買營養品去看望大娘，直到她康復出院。然而，天有不測風雲。就在她出院不久，她的丈夫卻患病去世。臨終前，他叮囑兩個孩子說：「你們一定要去感謝一下北京來的邵旗長。」事後，兩個孩子跑到邵奎東的辦公室，送來一面錦旗。看着這面錦旗，邵奎東心中五味雜陳，他想到：自己只是做了一名黨員幹部應該做的，但老百姓卻至死不忘！內蒙古人民好啊！

這家人的遭遇，讓邵奎東更加關注當地因病致貧的家庭，據調查了解得知，全旗因病致貧的人口達到30%左右，特別是當地有一種地方病發作起來叫人疼痛難忍。它是由牲畜傳染的，而察右後旗又是半農半牧區。當地的農牧民每天都與牛羊相伴，所以得這種病的患者比較多，老百姓外出就醫不僅距離遠，而且費用大。

邵奎東瞄準這件事，就一定要把自己的「疼痛康復中心」建起來！經過半年多的申請、協調、建設，察右後旗疼痛康復中心於2018年10月建成。硬件有了，那軟件怎麼辦，醫生哪裏去找。於是，邵奎東想到人才交流，他把情況向門頭溝區領導做了彙報，並立刻協調區中醫院幫助解決。區中醫院接收2名察右後旗醫院醫生，專門學習骨科針刀技術。學成歸來後，2名醫生診治病人100多例，治療效果十分明顯。當地的農牧民高興地說：「哎呀，原來我的腰腿疼得受不了，現在腿也自如了，腰也活泛了，這技術真的太好了！邵旗長雖然不是醫生，但能治病啊！」目前，康復中心救治的患者已達到1萬人次以上。

　　落實一個項目，就能致富一方群眾。當邵奎東得知北京一家養殖有限公司準備向周邊省市轉移，他立刻到該企業實地考察，為抓住這個好項目，從後旗到北京、從北京到後旗成了他的工作常態。只要一見面，就為企業講政策、講優勢、講前景。最終，老闆為邵奎東的真誠所感動，他說：「邵旗長，你放心，去你那裏，我大幹一場，絕對不給你掉鏈子。」截至目前，帶動 1500 多戶 3000 多人分紅受益。引進澳大利亞安格斯牛 3000 餘頭，計劃年底將打造萬頭牛養殖基地，看着這一群又肥又壯的牛，邵奎東和農牧民心裏頭都樂開了花。

　　時間如流水，兩年的掛職工作轉眼已結束，讓邵奎東最開心的事兒 —— 察右後旗脫貧了！用他的話說：「我為參與祖國的脫貧攻堅事業而驕傲，為助力打贏脫貧攻堅戰而自豪！」

▲ 扶貧幹部邵奎東在當郎忽洞蘇木調研中藥材種植

8 「微心願」傳遞大溫暖

　　一場大雪過後，隆化縣氣溫驟降、寒風凜冽，在距縣城區約 35 公里的張三營中學校園裏卻暖意融融。

　　「謝謝阿姨給我們送來羽絨服，以後上下學路上我都要穿着它！」初一年級學生佳怡雙手撫摸着嶄新的羽絨服，臉上綻開出燦爛的笑容，瞬間融化了在場所有人的心……這是一批滿載着愛意與牽掛的羽絨服，從天津市津南區來到河北省隆化縣，成為津南團區委聚焦精準扶貧，用「微心願」傳遞大溫暖的一條紐帶。這條紐帶拉近了「津隆」兩地百姓的心，凝聚出一股股強大向善的力量，將愛的種子播撒在貧困家庭孩子的心田。

「衣」路傳遞，溫暖人心

　　「我們再核對一遍數量，千萬別出差錯……」早上 6 點，津南團區委幹部王一涵來到位於八里台鎮的羽絨服廠，與工人一起裝運 2500 件羽絨服。忙碌的間隙，她告訴記者：「這些羽絨服是通過『微心願』項目徵集來的，馬上送往隆化縣，交給當地偏遠山區學生，山區冬季

寒冷，早點送去，孩子們就能早點穿上禦寒。」

從津南到隆化路程 380 公里，需要 5 個多小時，由於氣候和地勢原因，隆化地區冬季放學時間是下午 2 點半。為確保這批羽絨服第一時間送到孩子們手裏，「津隆」兩地團幹部從行車路線、里程，到起運點、到達時間，均進行了精心的計算和安排。物資運輸車載着團幹部們急切的心情在高速路上疾馳，掠過一路風景。下午 1 點半，車輛抵達張三營中學，顧不上休息片刻，兩地團幹部便馬上卸貨、分發，把一件件「心願禮物」第一時間送到孩子們手中。

「阿姨，我可以領一件 180 碼的羽絨服嗎？」就在其他孩子迫不及待試穿冬衣的時候，初三一學生豔玲向王一涵提出一個特殊的請求 —— 她想給爸爸領一件羽絨服，讓他在外出幹活時更暖和些。

經過一番了解後得知，豔玲家住在離學校十多公里的半山腰，房子年久失修，母親常年患病臥牀，家裏的經濟收入全靠父親一人勞作所得，就連她的學業也是在愛心人士的資助下才得以延續。「孩子還這麼小，卻經歷了許多不該這個年紀承受的苦楚，希望通過『微心願』項目可以帶給她一些溫暖、一些堅強。」看着豔玲那張稚嫩的臉龐，王一涵眼眶裏流露着藏不住的心疼。當天，王一涵等人把豔玲送回家，做了一次「微心願家訪」，一起回家的還有那件大碼羽絨服。晚上 8 點，從豔玲家出來，氣溫已低到零下 17℃，然而大家的心裏暖烘烘的。2500 件羽絨服不僅是抵禦寒冷的衣物，還飽含着溫暖人心的赤誠。

「小」善舉，匯集大能量

「一台點讀機」「一張新書桌」「一套百科全書」「一輛自行車」……這些對於普通家庭孩子來說的小禮物，對於貧困家庭孩子卻是遙不可

及的「奢望品」。

2019 年 5 月，津南團區委組織志願者、社會組織來到對口幫扶地隆化縣，深入荒地鄉中心小學，送去 8000 冊圖書，設計開展公益課程，對全校 112 個建檔立卡貧困家庭青少年進行了「微心願」的徵集。帶着孩子們的滿心期待，價值 3.5 萬元的首批 112 個貧困家庭孩子的「微心願」，三天內就被津南各界愛心人士認領完畢，並在短短一個月內全部送到了孩子們的手中。

2019 年以來，津南團區委注重發揮共青團在打贏脫貧攻堅戰中的作用，通過整合各方資金、延展品牌內容、廣泛社會動員、常態線上認領等工作，將「微心願」項目實現數從最初的 112 個逐步擴展到

▲ 在燒鍋營小學開展的手工公益課

12000 餘個，實現了隆化縣建檔立卡貧困家庭青少年的全覆蓋。

　　「我們在開展『微心願』工作中，注重品牌延伸和夯實，邀請專業社會組織設計開展符合當地青少年的科普類、自護教育類等公益課程。針對隆化縣留守兒童開展小候鳥閱讀，建設小候鳥閱讀基地 23 個；針對高考成績 500 分以上的建檔立卡貧困家庭大學生，開展『圓夢大學』捐資助學；更加注重青少年的精神需求，讓貧困家庭孩子感受到社會的關愛和溫暖，提升脫貧的內生動力，最終『造血自救』。」津南團區委副書記李明月介紹說。

　　值得一提的是，通過團區委積極動員，津南區有 1000 餘名團員青年加入到脫貧攻堅隊列中來，捐贈愛心物品社會價值逐步累積到 450 萬元。天津宏志教育基金會負責人陳奕超便是這眾多團員青年中的一員，他在得知「微心願」項目引入隆化縣後，參與並出資幫助多名貧困家庭孩子實現了願望。他說：「這是一件義不容辭去做的好事。今後我們會繼續跟隆化縣貧困家庭孩子結成長期互助關係，幫助他們更好地成長，實現更多的夢想。」

「微」捐助，讓愛心延續

　　「微心願」是津南團區委自 2017 年在區內啟動的公益項目，旨在通過實現重點青少年群體的小心願，讓他們感受到社會各界的溫暖，鼓勵他們自強自立、努力學習，成長為對社會有益的人。項目啟動以來，團區委發揮團屬優勢，聯動社會力量，在保護孩子們隱私的情況下，面向社會發佈重點青少年群體的「微心願」，號召社會各界關心關愛重點青少年群體成長成才，弘揚公益精神，傳播正能量。兩年多來，為區內重點青少年群體實現「微心願」800 餘個，實現對全區重

點青少年群體的精準幫扶。

2019 年 5 月，在項目趨於成熟的基礎上，團區委將「微心願」項目引入對口幫扶地隆化縣，並對項目進行完善升級。積極對接基金會、行業協會，爭取資金支持用於大批量成本價採購貧困家庭的青少年急需物資，如保暖服裝、學習用品等。發揮團屬優勢，開展宣傳動員，號召愛心企業開展符合青少年心願的物資捐贈。借助捐贈平台，開展個性化「微心願」的認領，降低愛心成本，讓更多的人參與進來，助力青少年心願達成。

津南團區委貫徹落實天津市委關於做好對口支援和東西部扶貧協作工作要求，堅持有限與無限相結合，借力社會資源，助力常態幫扶。2019 年 7 月，團區委與中國社會福利基金會聯合打造的「山區娃的新學期願望」樂捐項目正式上線騰訊公益，將「微心願」項目展示

▲ 為燒鍋營小學贈送的「微心願」保溫杯

到更大的平台，得到更多社會力量的關注；10月，將項目進行更新，針對寒冷冬季設計推出包含棉帽、圍巾、手套、保暖杯等物品的「溫暖愛心包」，進行線上廣泛發佈，愛心人士可直接在線上進行認領。通過線上項目發佈的形式，「微心願」捐贈內容可達成實時更新拓展，實現了幫扶的常態化運轉。

「微」切口，凸顯大內涵

小康不小康，關鍵看老鄉，重點看貧困的老鄉能不能脫貧。「微心願」項目作為津南區對口支援隆化縣六大類幫扶、56個子項中「實施扶貧廣動員工程」中的一個子項，注重從「微處」着手，發揮共青團優勢，動員社會各界力量和廣大團員青年助力脫貧攻堅，促進「津隆」兩地青少年和兒童共同成長進步。

青少年是祖國的希望，民族的未來，更是脫貧工作的力量源泉。「微心願」項目的資助對象是青少年，通過社會各方力量將「大關愛」投向青少年，運用組織化動員和社會化動員手段，讓貧困地區得到更多的關注和支持。津南團區委將不斷賦能開展一系列「微心願」子項目，通過結對幫扶、優秀學子赴京津訪學、在津大學生幫扶等，進一步做深做實「微心願」，讓更多源於「微心願」的愛繼續傳遞。

見微知著，積小成大。一個新書包、一輛自行車、一雙運動鞋……這些小小的「微心願」看似微不足道，卻匯聚起社會各界的溫暖大愛，為需要幫助的孩子照亮了前行的路。在幫助貧困家庭青少年實現「微心願」的同時，點亮了他們心中的夢想和希望，在津南區與隆化縣扶貧協作的道路上，「微心願」將繼續為貧困地區的兒童播撒陽光，助力他們撐起美好的未來！

9 美麗風景變為美好前景

　　2014 年，重慶市武隆區精準識別出建卡貧困人口 5.5449 萬人、貧困發生率 14.8％，農村常住居民人均可支配收入為 8489 元，貧困人口人均可支配收入僅 2215 元。但必須看到，武隆區生態優良、風景頗佳，是全國首批七個生態文明示範區縣之一。旅遊扶貧是扶貧開發模式的一種創新，既是「輸血式」扶貧，又是「造血式」扶貧。是守着綠水青山繼續苦熬過窮日子，還是創新思路將生態優勢轉化為發展優勢，讓老百姓早日擺脫貧困？武隆區立足學好用好綠水青山就是金山銀山「兩山論」，走深走實產業生態化、生態產業化「兩化路」，按照「深耕仙女山、錯位拓展白馬山、以點帶面發展鄉村旅遊」思路發展全域旅遊，把山區變為景區、田園變為公園、農房變為客房、產品變為禮品，實現「旅遊做到哪裏，哪裏的老百姓就脫貧致富」，讓美麗風景變為美好前景。

聚焦「山水」發展全域旅遊，讓山區變為景區

堅持把全境作為一個大景區、大公園進行打造，既不斷提升綠水青山「顏值」，又努力做大金山銀山「價值」。

突出全景式打造。圍繞建設世界知名旅遊目的地、全國優質旅遊示範區和全國文旅融合示範區的總體目標，健全完善「一心一帶五區一網」的全域發展規劃佈局，把仙女山、白馬山、芙蓉江等主要貧困區域納入，明確時間表、路線圖，確保在旅遊人次和綜合收入穩定增長的同時，發揮對百姓的增收帶動作用。

引導全社會參與。設立每年 2000 萬元旅遊發展資金，出台系列扶持政策，引導發展小加工、小手工、小養殖、小修理、小運輸、小中介、小餐飲、小旅店、小農場、小林場等涉旅「十小企業」，鼓勵各類市場主體組建旅行社、酒店、旅遊服務公司等，讓一切創造社會財富的源泉充分湧流。目前，全區共發展涉旅工商戶 5621 家、涉旅企業 530 餘戶。

推進全方位服務。加快旅遊服務國際標準化建設，為遊客提供全方位、人性化的服務，遊客滿意度連年位居重慶市首位。總投資 87 億元實施「交通三年行動計劃」，構建覆蓋全區的旅遊交通樞紐和換乘體系。度假區、主要景區景點等免費 Wi－Fi 全覆蓋，與騰訊公司聯合打造全國首個區域級智慧旅遊平台「一部手機遊武隆」。深入推進「1+3+N」旅遊綜合執法體制改革，維護良好旅遊秩序，打造「誠信旅遊」。

實施全球化營銷。堅持全方位、高強度、寬領域、多媒體營銷，與瑞士國家旅遊局建立長期合作關係，仙女山景區與瑞士少女峰景區結為「姊妹景區」。拓展「一帶一路」沿線國家和地區，以及日本、

▲ 濟南援建的旅遊環線公路

韓國、東盟、歐美、非洲等國際市場,讓「自然的遺產・世界的武隆」旅遊品牌唱響全球。2018 年接待境外遊客 127 萬人次,佔比 1.5%。

聚焦「旅遊＋」推進融合發展,讓產品變為產業

發展「旅遊＋」融合產業,豐富產業業態、延伸產業鏈條,加快從「門票經濟」向產業經濟轉型升級,提高旅遊業對群眾脫貧增收的輻射效應。

實施旅遊＋文化。挖掘和保護優秀傳統文化、地域文化、民俗文化、民族文化,既為旅遊業注入文化內涵,又促進文化助推脫貧攻堅

的作用發揮。比如，田家寨通過深挖苗族文化和蠟染文化，成功申報為國家級傳統村落，成為遠近聞名的民族文化旅遊示範點，帶動周邊60多戶、230餘名群眾實現增收。又如，通過深挖烏江「縴夫文化」，打造大型山水實景演藝項目「印象武隆」，累計演出3000餘場、收入近3.5億元。當地200餘名村民白天幹農活、晚上當演員，人均年增收36000多元。

實施旅遊＋體育。依託自然山水風光和喀斯特地貌等獨有的戶外運動資源，發展低空飛行、徒步露營、戶外拓展、山地賽事等項目，推進體育與生態旅遊融合發展。已建成的仙女山體育場、民俗賽馬場和一批自駕露營基地等，被評為國家體育旅遊示範基地。發起並成功舉辦16屆「中國重慶武隆國際山地越野挑戰賽」，共有來自歐洲、亞洲、北美洲、大洋洲、非洲等國家和地區的200多支運動隊伍參賽，成為國際性戶外運動A級賽事。

實施旅遊＋工業。着力生態環境尤其是世界自然遺產地保護，製訂出台《重慶武隆喀斯特世界自然遺產保護辦法》，編製《世界遺產地保護管理規劃》，嚴格實施環保准入，堅決杜絕和嚴格治理工業生產對生態環境帶來的破壞。發展水電、風電等清潔能源和鴨江老鹹菜、羊角豆乾、羊角醋等農副產品深加工產業，將工業發展與生態旅遊有機結合起來，既為遊客提供豐富的工業旅遊參觀體驗項目，又讓遊客能帶走更多的「武隆好禮」。比如，和順鎮打蕨村寺院坪建成西南地區第一個山地風力發電站，該鎮依託55台風力發電機組發展研學旅遊，每年吸引近3萬名遊客觀光旅遊，帶動打蕨村120餘農戶參與旅遊接待，帶動該鎮500餘名貧困群眾人均增收1300餘元。

實施旅遊＋農業。把握自身資源和市場需求兩個標準，圍繞綠色化、特色化、集約化、品牌化，培育打造高山蔬菜、高山茶葉和生態

▲ 土地鄉犀牛寨鄉村旅遊開業儀式

畜牧、特色水果、中藥材等山地特色高效農業。通過發展農村電商、農旅產品集中展銷等形式，將優質山地農產品向市場拓展，推動農業增效、農民增收。通過不斷發展，實現每村有 2 — 3 個骨幹產業、每戶 1 — 2 個增收產業，帶動全區 80% 以上農戶實現人均增收近 900 元。例如，鴨江鎮青峰村建成的 800 餘畝漢平金冠梨基地和 800 餘畝香伶核桃基地，覆蓋全村 725 戶農戶和 97 戶建卡貧困戶。僅漢平金冠梨就實現年收入 640 萬元，戶均增收 8000 餘元。

聚焦「共享」創新增收模式，讓風景變為前景

堅持「旅遊扶貧的一切努力都是為了老百姓收入增長」的宗旨，探索創新增收帶動模式，努力讓老百姓實實在在享受到旅遊發展帶來的「紅利」。

探索廊道帶動型增收模式。按照「建一處景點、引一批企業、活一帶經濟、富一方群眾」的思路，確立仙女山旅遊扶貧帶、白馬山旅遊扶貧帶、石橋湖旅遊扶貧帶、桐梓山旅遊扶貧帶四個旅遊黃金廊道，建成集交通組織、空間整合、產業集聚、形象展示等為一體的扶貧開發示範區。仙女山、白馬山片區成為全市旅遊扶貧的典型，仙女山片區 7 個鄉鎮、50 個行政村、近 5 萬農民人均純收入 12000 元以上。例如，白馬鎮豹岩村通過整合易地扶貧搬遷、有機茶葉種植加工等各類扶貧項目資金近億元，融合打造全市知名紅茶品牌「仙女紅」，全村 85% 的農戶實現產業帶動穩定脫貧。

探索集鎮帶動型增收模式。整合資金 5.9 億元，推進高山生態扶貧搬遷，依託旅遊集鎮建成移民新村 169 個，搬遷安置 10951 戶、38331 人。引導高山移民和集鎮居民發展家庭公寓、快捷酒店等旅遊商貿服務。例如，雙河鎮木根村平均海拔 1350 米，是全市首批鄉村旅遊扶貧示範村。近年來，該村依託生態資源和高山蔬菜示範基地的帶動，發展休閒農業和鄉村旅遊扶貧，成為全區首批脫貧和首個基本小康的行政村。目前，該村 95% 以上的農戶參與鄉村旅遊發展，年遊客接待近 60 萬人次，旅遊收入達到 1.2 億元。

探索景區帶動型增收模式。高度重視景區原住民的生產生活，在景區進出通道等區域建設專門的創業區和農特產品銷售一條街，引導景區周邊農民發展特色小吃等商業，景區及周邊 2 萬農民實現直接或間接就業。比如，仙女山鎮石梁子社區 401 戶中有 391 戶從事旅遊相關產業，資產 500 萬元以上的 17 戶、100 萬—500 萬元的 285 戶。又如，土坎鎮關灘村發展農家樂 21 戶，以家庭作坊生產「土坎苕粉」48 戶，村年收入達 4000 萬元以上，90% 的農戶年均收入 5 萬元以上。據統計，僅芙蓉洞景區從事涉旅行業的農民達 1500 餘人，年收入均在 5

萬元以上。

　　探索專業合作社帶動型增收模式。加大鄉村旅遊專業合作建設，成功創建趙家、雙河等鄉村旅遊合作社。其中，趙家鄉鄉村旅遊專業合作社被評為全國「合作社＋農戶」旅遊扶貧示範項目。目前該鄉村旅遊專業合作社共計有農戶會員 119 家，2018 年專業合作社接待遊客 40 萬人次、旅遊收入 7600 餘萬元，解決本鄉富餘勞動力 500 餘人就業。全鄉共有 30 戶 148 人通過辦農家樂脫貧，在鄉特色農業旅遊企業中務工脫貧的 62 戶 253 人，為遊客提供產品脫貧的 125 戶 438 人。

▲ 火爐鎮貧困戶種植的脆桃喜獲豐收

10 轉業軍人扶貧記

2018 年 5 月的一天，遼中大地，楊柳吐綠，鶯飛草長。

位於遼陽燈塔市柳條寨鎮的長溝沿村，來了一位五十來歲白白淨淨的扶貧下派幹部，擔任村裏第一書記。

他叫包金民，一名轉業軍人。

村民們心裏犯起嘀咕，可別像以往派來的幹部呀！點個卯，就沒有人影啦！

就這樣，包金民從遼寧省體育局到了長溝沿村，一頭扎進農村扶貧的大事小情中。

到任後的第二天，包金民開始走訪村裏老書記、老黨員、老軍人，看望五保戶、貧困戶和患病村民，個人出資送去慰問品。通過走訪座談、開展調研，他深思着，農村改革都幾十年了，佔天時、據地利的長溝沿村為何發展不起來？他陷入沉思：自己來長溝沿村幹點什麼？應該如何幹？

帶着這些問題，包金民利用休假，專門來到生他養他的故鄉 —— 安徽省蕭縣。這是感動中國的優秀扶貧幹部沈浩的家鄉。他來到沈浩

生前工作過的鳳陽小崗村，同現任書記沈仁龍促膝談心，虛心求教。

回到長溝沿村，他的渾身充滿使不完的勁兒。

幾天的走訪調研，進一步理清了工作思路。長溝沿村發展緩慢的主要原因，關鍵在於人的主觀因素。

扶貧先扶志，更要扶精神

遼寧省體育局奧運冠軍、體壇明星多，特別是他們刻苦頑強的拚搏精神，讓包金民找到了扶貧的力量源泉。

「扶貧先扶志，更要扶精神。」包金民組織游泳中心隊醫生到患腿病的村黨員代表家中看病，進行針灸、按摩，傳授自身保健康復常識。他為村裏協調價值 8 萬元的體育健身器材，為柳條寨鎮爭取價值 60 萬元的服裝、鞋帽等物品。

聘請專業籃球教練定期來村裏，指導孩子們訓練籃球。暑假期間，包金民協調省體育游泳運動管理中心，連續兩年安排村裏 12 — 14 周歲的學生 20 多人次到省游泳中心大連基地進行為期一周的學習訓練，開展夏令營活動。

包金民組織村裏的首屆「農民豐收節」。2019 年 9 月 14 日，協調營口鮁魚圈琴緣水產品公司資助，在長溝沿村組織開展以「豐收中國‧幸福長溝沿」為主題的大型秧歌匯演，來自 12 個村秧歌表演隊的近 300 名隊員參賽表演。

他還邀請遼寧人民藝術劇院演職人員，來村裏進行慰問演出。以「領航新時代‧共築中國夢」為主題的文藝節目，帶給村民們滿滿的正能量。

農民的需求，就是我的工作

92 歲的黃金寬老人坐在炕頭，見人就說包金民的好。黃老爺子的兒子黃乃珍已 71 歲，雙眼失明，父子倆相依為命，是鎮裏五保戶、貧困戶。黃金寬說，「包書記經常來看我們，自己掏錢給我們爺倆送油送麵，天冷了又送我們棉衣棉被，我們這心裏頭，暖着咧……！」黃乃珍也說：「別看我啥都看不見，可是包書記為俺們爺倆做的那麼多好事，俺心裏有數着呢！」

對許多從城裏下派到鄉下的駐村幹部來說，剛到村裏，都得有個適應過程，尤其是要學會跟農民打交道。包金民入伍前是安徽蕭縣的農村青年，祖祖輩輩靠種地為生。在部隊這所大學校裏進步很快，光榮提幹。轉業到遼寧省體育局，工作十分出色。來到扶貧點，他適應很快，基本上無須轉換角色。

▲ 長溝沿村的種植大棚

「農民的需求，就是我的工作。」這是包金民常掛在嘴邊的話。「跟農民交心，最重要的就是說一件辦一件，無論多小的事，只要答應了，就必須抓落實，不能大忽悠！」包金民說到做到，大到給村裏修羽毛球場、辦義診檢查，小到給村民治跌打損傷、教孩子們一堂籃球課。

請文化名人認養土地，是扶貧中一大發現

「過去種一畝地，辛辛苦苦一年，也就掙兩三百塊錢，現在實行稻田認養，一畝地能多賺一千多塊啦！」村民黃作家喜滋滋地說，「今年我家裏有五畝地，被遼寧男籃主教練郭士強認養，都是包書記幫我們介紹的資源，我們可得努力幹，爭取把我們村的大米也打出品牌來！」

「現在做稻田認養，就不能上化肥了，都是農家肥，除草也是人工鏟地。」黃作家說。為提高農民種養技術，包金民請來省農科院水稻專家講授水稻施肥管理、水分管理、主要病蟲害怎樣合理用藥等知識，直接解決農民的種植難題。長溝沿村種植的水稻，經省農科院專家精心指導，獲得綠色無公害認證，無污染、無添加、不使用化學肥料、不用農藥和生長調節劑。

通過名人效應，帶動全村的產業發展，打造出自己的品牌。包金民主動聯繫遼寧籍的體育界、文藝界名人，作為首批認養人。在他的牽線下，全國政協委員、《長江之歌》的作者胡宏偉，創作出《十五的月亮》《在那桃花盛開的地方》等歌曲的軍旅作曲家鐵源，遼寧男籃主教練郭士強，著名軍旅歌唱家朱曉紅，奧運冠軍李玉偉、丁美媛、王嬌以及王楠的教練谷振江等，紛紛加入認養行列。2018 年 8 月 31 日，鐵源、胡宏偉、朱曉紅來到長溝沿村，查看自己認養的稻田。

一批文化體育名人來到田間地頭，找到了創作的題材，汲取了黑土地的養料，獲得了體壇拚搏的力量，也讓這些黑土地上的農民鄉親們，見到了只有在電視上才能看到的「明星們」……僅 2018 年，通過名人認養銷售大米就多達 10 萬斤以上。

建立滿繡基地，助力鄉村振興

2018 年 10 月，包金民將盛京滿繡的第四代傳承人巴彥殊蘭女士邀請到長溝沿村，傳承滿繡非物質文化遺產、推廣滿繡文化。用滿繡藝術講好遼寧故事，傳承遼寧特色，建立滿繡基地，助力鄉村振興。

滿繡，是女真族根據勞動和生活的需要，在縫製的衣服和釘線的基礎上形成的一種手工藝術。1636 年皇太極在盛京（瀋陽）建立清朝後，滿繡成為皇家文化、地位、等級的標誌，所以又被稱為「中國清朝皇族刺繡」。

2018 年 11 月，包金民給村裏引進「盛京滿繡工作坊」，賦閑在家的婦女們一下子都忙碌起來了。「家裏田都包出去了，老爺們兒在外打工，我們在家閑着也是閑着。滿繡這活曬不着淋不着的，我們自己喜歡，又能賺錢，幹着不挺好嘛。」村民唐偉一邊手中針線翻飛，一邊介紹：「現在剛學兩種針法，繡一個包 500 塊，過兩天老師還來教，學好了繡衣服，那就更賺錢啦！」

通過發展滿繡產業，第一批帶動村裏 10 名女勞動力在家門口就業。從 2018 年 11 月起，她們每月收入都在 3000 元以上。

11 古村落煥發新活力

　　栩栩如生的「鳳凰」，翱翔土樓之上。一群孩子在海峽兩岸農博會・漳州駐村扶貧特色展館內，正聚精會神、饒有興趣地搭建鳳山樓土樓模型，吸引住眾多遊客駐足觀看，感歎土樓文化的新穎體驗模式。這只是鳳獅村開展「體育＋」扶貧模式的一小部分。福建省體育局派駐詔安縣官陂鎮鳳獅村第一書記楊凱，以鄉村振興示範村為發力點，將體育全產業融入「三農」和脫貧攻堅中，促進第一、二、三產業融合發展，着力推進傳統古村落「活化」工作。

開啟精準扶貧「體育＋」

　　說到「體育+」扶貧模式的形成，源於 2015 年 7 月，在省體育局的大力支持下，楊凱主動申請來到革命老區村 —— 壽寧縣清源鄉陽尾村駐村蹲點。利用該村的「生態自然風光＋歷史景觀」，持續探索「生態體育」項目，為「體育＋」扶貧模式的開啟奠定了基礎。

　　2017 年 11 月，他再次響應省委、省政府的號召，到福建省最偏遠的貧困山區鳳獅村擔任駐村第一書記。為了能夠盡快摸清村情民

意，大年初二，他就帶着家人到村裏過年，挖掘鳳山樓、浮山城傳統
文化及傳承 600 多年的民俗體育項目「蕩鞦韆」等，全力探索全民健
身及體育產業鄉村振興模式。

　　體育扶貧能給貧困地區群眾帶來實實在在的獲得感，也讓貧困山
區的群眾對健康、美好的生活充滿希望。2018 年 2 月，由福建省社會
體育指導中心主辦的「全民健身百村行」活動走進鳳獅村。活動的前
一天晚上，他與村「兩委」幹部還在村部清點愛心扶貧物資，發動青
年志願者做好相關工作。一位青年志願者動情地說：「楊書記的到來
給我們村帶來了活力，這也是吸引我回鄉發展的原因之一。」在此次
活動中，泉州慧濤公益協會為當地老年人及貧困家庭兒童捐贈棉衣、

▲ 遊客在 600 年榕樹前許願

食品、玩具等價值約 4.5 萬元的公益物資。截至目前，通過省體育公益賽事及平台，共籌集 43 萬元助學、敬老等扶貧物資，用於支持 630 名貧困山區群眾的生產和生活。

「體育＋黨建」走出新路子

「體育＋」扶貧模式，不僅生動鮮活地宣傳黨的十九大精神，而且把健康的理念帶給村民。楊凱抓住開展「全民健身百村行」活動的契機，加強農村基層黨建工作。

讓基層組織有人氣：積極將「三會一課」「兩學一做」「黨的十九大宣傳」等內容融入鄉村建設中，多形式推動「雙培雙帶」「黨建帶團建」「黨建帶創業」等系列活動。主動配合做好換屆選舉工作，現在村「兩委」及配套幹部共 9 人，其中黨員 8 人，大專以上學歷 4 人，有力地補充了新鮮血液。

讓黨建工作有抓手：村「兩委」班子主動融入群眾，建立起 5 支村廣場舞隊伍、1 支青少年公益志願者隊伍、1 個書畫公益培訓組織、1 支青年舞龍隊。通過支持村民們喜聞樂見的活動組織，讓村「兩委」在工作中有抓手、傾聽民意有渠道、政策宣傳有目標。

讓黨建活動有溫度：帶領黨員幹部外出參觀學習，邀請詔安縣龍頭企業給黨員群眾講解鄉村振興、產業興旺等主題課。黨員在敬老文化節現場的黨建展板前，給群眾講解黨的十九大精神等，將黨建工作日常化、生活化，讓黨課不再刻板單調，有溫度、接地氣。

讓黨建宣傳有顏值：把黨建宣傳，同鄉村綠化、美化、亮化惠民工程緊密結合、同步實施。建設 1200 平方米黨建主題公園，讓黨建宣傳成為鄉村建設中最有顏值的宣傳陣地。

探索「體育＋」鄉村振興模式

鳳獅村是福建省最南端的省級重點貧困村，也是傳統客家村落，2015 年被評為「福建省首批傳統古村落」。楊凱根據該村的特點與特色，積極向上級申報傳統古村落保護，恢復浮山城傳統古村落面貌，喚醒村民振興鄉村的共識。

公益體育＋文化扶貧：爭取福建省模型運動協會對口支持，將鳳山土樓進行開發並製作成全國首創體育文創建築模型產品。將傳統文化彙編成《青少年鄉土校本課程》，目前已編製完畢。這些體育文創產品，將在全省中小學中進行推廣。

體育設施＋生態宜居：建設 2 公里的環土樓、傳統古村落健身步道，古色古香的康體幸福院，正在施工中。合鳳線休閑步道完成設計，運動溫泉田園綜合體等項目也進入實施階段，運動健康的理念深入民心。

民俗體育＋鄉風文明：通過舉辦傳統鞦韆節、修復百順居紅色革命遺址、整理民俗故事等，打造傳統古村落鄉愁文化。在不斷努力下，鳳獅村「蕩鞦韆」項目獲批非物質文化遺產。興許是「鄉愁」力量感染了村民，他們自發將自己的土樓房間貢獻出來，打造成孝廉文化傳承基地、客家民俗館、農家書屋。文化挖掘讓鳳獅村更有故事，更有內涵。

品牌體育＋鄉村振興：逐步引進丹詔書畫培訓、客家米酒製作、客家飲食、民俗體驗等項目，推動客家民俗體驗旅遊的縱深發展。計劃建設運動溫泉農家樂，通過體驗經濟提升農業產品附加值，實現「體育＋」鄉村振興，產業興旺。

榜樣是一種力量，彰顯進步；榜樣是一面旗幟，鼓舞鬥志；榜樣

是一座燈塔，指引方向！有榜樣的地方，就有進步的力量。「感謝楊書記，現在我們浮山城的鞦韆可出名了，明年不管我在哪裏，都要回來參加這個活動。」在第一書記楊凱帶動和影響下，一些鳳獅村的村民激動地說。

「體育＋」功能，通過產業帶動、品牌影響、文化傳承、運動旅遊、體育文創、社交平台等多維度漸漸發揮作用。古村落煥發出新活力，鄉村振興的藍圖正徐徐展開。

▲ 環土樓健身步道

12 八百里沂蒙八百里情

巍巍沂蒙山，滔滔沂河水，八百里沂蒙八百里情。

沂南縣依汶鎮駐地東南 9 公里處，有一個村子叫南栗溝村。2014 年，有建檔立卡貧困人口 141 戶 233 人；2018 年，貧困戶全部實現脫貧，村民人均收入 15620 元，村集體收入達到 60 萬元。

「我在南栗溝村只有兩年的服務期，只有把村『兩委』班子扶強幫硬，打造成永不離開的工作隊繼續幹下去，南栗溝村才有更好的明天。」山東省委組織部車元章到村任第一書記後，把打造過硬支部、建強過硬隊伍、理順村莊治理機制作為工作「牛鼻子」。他在調研全村基本情況後，將充分發揮村黨組織的核心作用和黨員群眾的主體作用有效融合，作為抓黨建促脫貧攻堅、促集體增收、促鄉村振興的關鍵。

2019 年 1 月 8 日，村「兩委」述職報告，讓每個「兩委」成員感受到實實在在的壓力。「壓力大啊，誰幹得好、幹得不好群眾都看在

眼裏。」村支書解忠士作為第一個述職人上台前也是心裏忐忑,「一年來的辛勤付出,如今當着老少爺們兒的面一五一十地彙報出來,感覺一下子放鬆了不少。仔細回想起來,這一年,滿滿的,沉甸甸的!」

述職結束以後,車元章創新借鑒「豆選法」對村幹部進行測評。南栗溝村會議室裏茂秧戲劇團一曲《高文舉趕考》唱罷,會場每人發了兩顆花生米,在隔壁房間內有掛着村「兩委」照片的玻璃瓶,一個一個進屋,覺得誰幹得好就把花生米放進去。通過測評,村幹部感受到壓力,促進了有效履職、規範履職、主動履職。

村莊的發展離不開黨員的參與,只有把組織力提升起來,黨員群眾參與進來,才能達到事半功倍的效果。南栗溝村把加強黨員教育管

▲ 南栗溝村新貌航拍圖

理作為提升黨員隊伍素質、培養後備幹部、凝聚工作合力的抓手，通過規範「三會一課」、主題黨日，修訂《村幹部公約》、外出參觀學習等措施，有效激發出黨員參與村級工作的積極性，「黨員群眾齊心幹、鄉村振興早實現」的主體意識不斷增強。

在村裏工作兩年的大學生村官季李偉經常提起王桂錄、劉京武、解傑立三名老黨員，他們最大的 78 歲，最小的 65 歲。自打看到第一書記真心實意抓村級建設以來，他們三個人自願到工地幫忙，計數量、算工時、看設備、監工樣樣都能幹。南栗溝村注重培育後備人才，不斷為村莊發展注入新活力。近年來，新發展黨員 1 名、培養入黨積極分子 6 名，培育後備農村幹部 3 名，為村莊發展提供了人才支撐。

規範的運行機制是村莊發展的基礎。南栗溝村既有德高望重的老黨員、老幹部，也有與時俱進的年輕黨員，如何把他們凝聚起來，參與村級工作、監督村級運行，實現高效、有序運轉，村「兩委」班子在第一書記指導下建立起「黨支部強化引領，村民委員會、村務監督委員會、扶貧理事會、紅白理事會、孝心養老理事會積極發揮職能作用」的「1+5」工作架構，進一步規範村級運行，實現「村治」和「自治」的有效結合。

地處沂蒙山腹地的桃源村，基礎設施薄弱，80% 是貧瘠的山坡地，產業發展滯後，村民以傳統種植為主，過着靠天吃飯的日子，全村 818 戶中貧困戶有 101 戶。

可這一切，伴隨 2016 年 3 月 9 日沂南縣糧食局潘繼斌任第一書記的到來，正在發生着改變。

從成功爭取省財政資金 150 萬元、修繕村民祖祖輩輩深受其害的

泄洪渠開始，排水溝、便民中心、道路硬化等 15 個基礎項目相繼建成。

從用好 25 萬元專項扶貧資金、建成玩具加工廠開始，鞋幫縫製點、手套、油頂加工廠等 4 個就業點的建成，為有不同就業需求的群眾提供工作崗位，飽和就業可安置 220 人。

從發揮荒山適合林果種植的優勢、成立 3 個農業種植合作社開始，引領群眾發展鈣果、葡萄種植 196 畝，建成油桃、草莓大棚 18 個，鴿子養殖場一處，爭取「富民生產貸」1000 萬元，群眾收入大幅增加。

從在全村 90 位 70 歲老人家庭中推行「孝心養老基金」、弘揚敬老養老文化開始，磚埠鎮廣場舞大賽、「七一」文藝匯演、「好媳婦、好婆婆」評選、給特困戶送溫暖等系列活動的接連開展，桃源村精神文明有了新風貌。

他帶領工作組和村「兩委」，一年多的時間就爭取和引進項目 28 個、資金 1036 萬元，桃源村變「桃花源」。

潘繼斌全身心投入脫貧攻堅第一線，卻沒有更多的精力去照顧家庭。「爸爸！你去哪了，幾時回來呀？我又給奶奶打針了。」兩個孩子想他，姐姐又攛掇弟弟給他打電話。母親患有動脈瘤、腦血栓、糖尿病，飲食禁忌多，每天需兩次注射胰島素。在縣城工作時，每天的作息時間比較有規律，他利用業餘時間把母親伺候得好好的，打針、喂飯、吃藥，給母親翻身、擦澡，不覺間已經過去 16 年，全家人早已習慣這種生活。自他當了第一書記，原有的生活格局全被打亂。

2017 年 3 月 22 日，駐村剛滿一年，他在桃源村山上的鈣果種植現場，接到妻子打來的電話，趕到家時母親已沒有呼吸。他輕輕撫平母親仍微睜的雙眼，合上母親微張的雙唇，把母親冰涼的手拉過來放到自己的手心裏，哽咽無聲。

很少回家的潘繼斌，每次回家都是先蹲在母親的牀前和娘拉拉

呱。母親是老師範生，非常支持兒子的工作，最愛聽兒子和她說說這些日子來都幹了啥。雖然不能說話，但她識字，潘繼斌有時就翻着日記一項一項地說給娘聽。那時，娘總是用唯一能動的那隻手，抖抖地摸兩下他駐村一年就掉光頭髮的頭頂，娘是在心疼他。

沂南縣岸堤鎮杏山子村屬於省級重點貧困村，村子被群山環抱，山頭幾乎須仰視才可見。種植的傳統農作物就「掛」在山坡上，澆不上水，土地貧瘠，天氣炎熱時，莊稼幾乎天天萎蔫着葉子。

村支書劉長軍說：「當時我們對脫貧沒有啥指望，想脫貧的障礙簡直比用手掰開榛子殼還難！」

2015 年，縣物價局派駐第一書記來到杏山子村，情況有了轉機。第一書記發現周邊村莊雖然也是山地，但坡緩有水，發展水果種植效益不錯。這讓杏山子村的群眾很是羨慕，走產業扶貧的路子鄉親們很認同。

第一書記邀請果樹專家到村現場會診，專家提出種植大果榛子的建議。大果榛子就是平歐大果榛子，是歐洲榛子與我國野生榛子雜交選育而成的，果大、豐產、出仁率高，還有抗旱、管理粗放的優點。

對於種榛子樹，村「兩委」幹部都非常贊同，劉長軍書記說，那個時候主要考慮到我們村都是瘠薄山地、缺水，加上年輕人都外出務工，用工投入較少、產值比較高。

種榛子還屬於稀罕事，鄉親們聞所未聞。在當地以及周圍縣區沒有栽種先例，大家都不願意做「第一個吃螃蟹的人」。為推廣榛子種植，第一書記和村「兩委」挖空了心思，挨家挨戶、苦口婆心地去做工作。後來，「不經煩」的村民抱着懷疑的態度在自家的地裏種上榛子樹。

大家發現榛子樹確實抗旱，山上種的紅薯、花生都耷拉着葉子，榛子樹卻鮮亮蔥綠。鄉親們覺得這事能成。2015 年，該村利用扶貧資金種植榛子樹近 120 畝。隨後零零散散帶起 80 餘畝，目前全村榛子種植面積達到 200 畝以上。

按照榛子正常的生長規律，第三年進入初果期，2017 年鄉親們從夏天到秋天，樹葉子翻了好幾遍，也沒見個榛子果實。

因為乾旱，這裏的榛子樹比正常環境栽種的要矮小很多，這一年沒有結果，村民的信心和希望幾乎消失殆盡。大家在樹空間隙套種的莊稼離榛子樹越來越近，有的直接耕出樹根，對很多村民來說，是榛

▲ 吉山了村張美蘭在採摘大榛子

子樹影響了莊稼的生長。

劉長軍書記擔心有人會帶頭把榛子樹拔出來,他天天騎摩托車到山上轉上一圈。遇到有人在榛子林裏忙活,他就給鼓鼓勁。

2018年是榛子樹栽種的第四個年頭,大點的榛子樹結果了,鄉親們覺得應該善待這些榛子樹,大家開始給這些果樹追肥。劉長軍書記覺得一塊石頭落地了,不用擔心有人去刨樹種地了。

他說,現在到了成熟期,東北的客戶來拉鮮果,我們三四天採摘一批。現在我們賣的是鮮果,帶着花苞一起賣,收購價是一斤5元,折合成乾果價格17到18元左右。不用晾曬就賣錢,鄉親們覺得很知足。

2019年,村裏孟凡祥家賣得最多,賣了8000多元,還有6家賣了4000多元。「俺想明年再多種上點,擴大種植規模,這比種桃、種地瓜好多了,收益還高,管理還輕鬆,耽誤不了幹別的活。」已經脫貧的張美蘭嚐到榛子產業帶來的甜頭,高興地說。

13 教育扶貧「無問西東」

一條九曲回腸的山道，通向恩施州來鳳縣的大河鎮。在大河鎮中心小學，有 2080 名學生，36 個班級。對於周邊大山裏的孩子來說，這裏是希望的起點。

雷美央是杭州市德勝小學的語文老師，也是浙江省實施「東西部扶貧協作戰略」後首批對口支援派駐的老師。就在這個山谷中的學校裏，雷美央待了 365 天。她走進了 2080 名學生的教室，也走進了 105 位老師的生活，更走進了來鳳人的心裏。

轉眼，離開杭城，來到大河鎮近一個月了。支教生活，一切都記憶猶新，歷歷在目……最重要的是大山裏的孩子們，那一雙雙求知的眼睛……有鼓舞，有溫暖，也有期盼……一切都那麼真實而感動！──雷美央日記　2018.9.22　星期六　陰雨

初次來到大河鎮中心小學，雷美央有些意外。大操場寬敞、教學樓外立面整潔乾淨……「看起來還可以啊！」雷美央還記得自己當時對學校的第一印象。

可很快，「但是」來了。站上講台，她才明白這句「還可以」，說得有些輕鬆了。不到 50 平方米的教室中，滿眼都是課桌椅。「我們原本是按照 40 人標準建的教室，但實際上大多數班級都有 60 多人。」中心小學校長傅開國說道。

「我來自浙江杭州，是你們的語文老師，我姓雷，大家可以叫我雷老師。我想做大家的好朋友，你們願意做我的朋友嗎？」

「願意！」座位上的孩子們異口同聲。

看着台下烏壓壓的人群，看着一雙雙充滿期待的眼睛，講台上的雷美央，內心泛起一絲酸楚，但更多的是責任和力量。教室裏沒有空調，沒有電扇。講完一堂 40 分鐘的語文課，雷美央渾身都濕透了。「不能讓孩子們汗如雨下，我一定要給這裏帶來一點改變。」只是一堂課的時間，雷美央就做出一個最樸實最堅定的決定。

回到縣裏開碰頭會，雷美央說的頭一件事就是「電扇」── 她向拱墅區反映教室沒有電扇的問題，最終拱墅區企業浙江元谷企業管理有限公司捐贈大河中心小學 5 萬元，讓教室裏迎來涼風陣陣。

「這麼多年來，這是孩子和老師們第一次能在夏天不擦汗上完一堂課。」傅校長憶起當時的感覺，甚至還做了一個颱風的手勢。簡簡單單的涼風，對於孩子們來說，卻是久違的幸福。送來涼風，只是硬件上的升級，而雷美央更看重的是孩子們的心理建設。

「這邊的孩子很聰明、很有創造力，讓他們做手寫報、手工書籤，一張張都做得漂亮極了，就是平時不太自信，課堂上比較沉默。」雷美央發現一些成績暫時落後的同學，容易喪失學習的興趣和自信心。

「站上講台的第一課我就告訴孩子們，在我的班上，有進步的、知錯能改的、盡力而為的，都是雷老師喜歡的孩子。」改變從「好孩

子」的標準開始。

當時，學校有個出了名的逃課生陳遠（化名）。「孩子成績比較落後，每次問他為什麼不來，就說自己肚子疼。」打聽一圈，雷美央發現孩子的家就住在學校對面，「離學校只有幾步路，卻不願意來上學，原因到底是什麼？」

雷美央決定做一次家訪。「孩子的父親常年在外打工，由媽媽照顧。整個房間只有一張牀，我坐在牀上，他也坐在牀上。」雷美央回憶道，「我問他為什麼不去上學，他一開始又說『肚子疼』，再問，就說『成績太差了，討厭學習』。」當時的情形下，孩子完全不聽勸。看着陳遠空曠的房間，雷美央先去買了一些文具送給他。「不管怎樣，只要來學校就是好學生，成績後面可以慢慢提升的，別怕，還有老師……」

「你可以把雷老師當成你的朋友，有什麼不舒服的可以告訴我。」慢慢地，一聲聲關心，一趟趟探望，融化着孩子的心，陳遠重新回到班集體，「上學期幾乎沒有缺席，成績也提升很多！」

「好孩子」的評價標準，不該只有一個。這是雷美央始終堅持的溫度教育，「我要讓一個個繃緊的小肩膀慢慢地放鬆下來。」

> 我會將杭州的先進的教學方法、管理經驗和教學理念帶到大河。傾注心血，盡我所能，踏踏實實地工作，在有限的時間裏，和這裏老師一起，為大河的教育貢獻我的綿薄之力。譜寫一首教育人生的小插曲！——雷美央日記　2019.1.10　星期四　陰雨

大河鎮中心小學有 105 位老師。其中，40 歲以下有 53 人，37 人教齡在 5 年以下，年輕老師居多。

　　在這裏，很多老師都不是「科班生」。有的是自考教師資格證，有的是先上崗再拿證，有的專業是語文，但由於人手緊缺，被安排去教授別的課程。「我們這偏僻，不好招人。本校老師的流動性也很大，優秀老師都會找機會去縣城。」傅校長說，對於雷老師的到來，學校幾乎是盼紅了雙眼，「我們想讓雷老師為我們帶來杭州先進的教育體系和方法。」

　　對於青年教師的培養，大山裏的學校既沒有成熟的平台也沒有選擇的條件。雷美央一邊帶班，一邊在思考這個問題。「教育扶貧的點不應該只集中在學生身上，培養優秀的教師隊伍也很重要。」最後，她和校長以及杭州市對口幫扶恩施州工作隊來鳳工作組提議，開設「美央青年教師成長工作室」，打造一個幫助青年教師成長的平台。

　　走進工作室，規章制度和工作內容全部上牆。工作室開闢「六個一」工程：拜一個師傅、寫一手好字、上一節好課、講一個好故事、讀一本好書、寫一篇好文章，全方位提升教師專業水平。「一開始我只邀請幾位年輕老師，後面越來越多老師主動申請加入，最後我和校方商量一下，將所有教齡 5 年以下的老師都納入工作室。」雷美央把講台視作陣地，在她心裏，講課質量是所有的核心。

　　工作室開設「教學沙龍」，組織經驗豐富的老師，幫助年輕老師「磨課」。「老師先對着大家試講，然後大家一起琢磨，怎麼讓這個課變得更精彩。」例如，讓學生記憶深刻的《生命，生命》，就是 6 位老師磨課一個月的成果。

　　遠離家鄉，字帖、湖筆、墨香成了雷美央工作之餘的夥伴。時間久了，就連老師們也開始駐足，起初是悄悄地看，靜靜地離開。有一天，姚相互老師開口對雷美央說：「雷老師，讓我們來陪你練字吧！」

「好呀！」雷美央一口答應。後來田學高、劉永志老師來了，年輕的文娟、龍婷、向素嬌老師都來了⋯⋯再後來，就連腿受傷的老師和退休老師也逐漸加入。教務處主任周達明老師提議，乾脆成立個書法俱樂部。就這樣，老師們的書法俱樂部誕生了，起名為「近墨軒」。

「現在我們半年就舉辦一次全校書法大賽，全體參與！」雷美央說，作為教育體系的一部分，一手好字既是調和劑也是基本功。

除了講好課、練好字，雷美央還會在工作室與老師們分享好的圖書。「上半年，我們讀了一本教育專業書 ──《做有溫度的教育》，老師們看完都寫了很多讀後感，有的還發表在國家級刊物上。」

乘着東西部扶貧協作的東風，杭州不斷輸送老師和教育資源過來。「目前已有 18 位教師來到這裏，開講座，開培訓班，我們也送了兩批老師去杭州學習，下學期還打算再送一批。」架起了這些渠道的雷美央，常常將自己比作一個齒輪，「也許我的力量渺小，卻能帶動一些良性的互動。」

為豐富孩子們的課餘生活，雷美央發動自己先前在德勝小學帶的班級，給大河鎮中心小學 506 班捐書。「馬上收到近 200 本課外讀物，我就放在班上，做了一個愛心圖書角。」再後來，圖書角擴大到全校範圍。為籌建「大河小學愛心書社」，雷美央和工作組發動杭州各小學捐贈圖書，「目前已經捐贈 15000 多冊，我們的目標是三萬冊！」

　　「關愛是驅逐孤寂的春風，團隊是戰勝困難的力量。羨慕你被愛的暖意包圍着的支教生活⋯⋯」，這條我知道是誰留下的，家人的支持永遠是我克服艱難，砥礪前行的力量！── 雷美央日記　2018.10.30　星期二　晴

▲ 雷美央與學生共讀遠方來信

　　這半年來，傅校長總是微笑着，他說自己上班變輕鬆了。「雷老師來了之後，學校整體的氛圍起來了，大家都幹勁十足，我感覺都不用怎麼操心了！」

　　除了黑板和宣紙，雷美央從來不是一個滿足於「坐而論道」的人。在這裏，雷美央看到求知若渴的孩子，看到堅守在最艱苦地區的教師。在大河鎮中心小學所屬的更偏遠杉木小學，全校僅 19 名學生，2 名教師。「每次想起當時第一次看到那個學校時，我的心都會有點痛。這裏的老師和孩子們，給我觸動太深了，我就覺得自己一定要竭盡所能去把工作做好。」

　　在大河鎮芭蕉溪村，她看到因病休學的留守兒童張陽（化名）。「由於身體原因，張陽已四年無法到校上課。學校領導、老師可沒放棄，連續4年堅持安排老師給他補課。」

　　雷美央始終記得補課時的場景。張陽在老師們的指導下，一會兒畫畫，一會兒寫字，一會兒學兒歌……久違的笑容，又重新掛在臉上。分別的時候，老師和往常一樣給他留作業，對他說：「過些天，我們再來看你！」

　　走得很遠，雷美央忍不住回頭，發現張陽和爺爺奶奶還在不住地向他們揮着手……

　　溫暖從來不會是單向傳遞的。大河鎮來了一位「杭州老師」，這事很快就成了當地村子裏口耳相傳的「新聞」。

　　上學期的寒假前，雷老師帶着「近墨軒」的成員到學校外面擺起對聯攤，免費給周圍的老百姓寫對聯。「老鄉們都來要，後面對聯紙都沒有了，他們就自己買紙過來，讓雷老師寫對聯。」傅校長笑道。

　　工作室的小樓對面，就是教職工宿舍。雷美央就住在那裏。「我平時很忙，也沒什麼空去縣城……」所以，教室、辦公室、食堂、宿舍……每天四點一線，她就這麼過了一整個學期。

　　「別說縣城啦，她的兒子正在中南民族大學讀書，她連武漢也都沒去過，上學期都沒回過家，還是她老公過來看她的。」傅校長在一旁笑道。雷美央也笑了，說道：「我以前老吐槽他大男子主義不幹家務活的，上次他來，我發現做飯洗碗打掃清潔，麻利得很，這次可把他鍛煉出來了！」

　　想家嗎？當然想。最近孩子們放暑假，雷美央才抽空回了一次家。第一件事就是看望癱瘓在牀的父親。2018年父親就已經在重症監護室，「2018年是偶爾進去，今年……」說起這些她平時不願說的心

裏話，雷美央的聲音有些哽咽，「今年就一直住在醫院裏了」。對於雷美央這樣的扶貧工作者來說，家庭的犧牲無疑是巨大的，但總有種力量，在支持她砥礪前行。

教育扶貧的期限還剩下半個學期，她想做的還有很多。「我們正在打造『空中課堂』平台，這樣孩子們能聽到杭州的課，現場還可以實時互動。」雷美央還跟校長提議，開展「大河好聲音」評比，激勵課堂教學進步。

在這場教育扶貧中，不僅僅是雷老師一個人。2018 年暑假，拱墅區教育系統 79 名校（園）長、教師來到來鳳縣支教。5 天的時間，拱墅名師團帶來 4 堂現場示範課、11 場專家講座、18 次論壇發言、100 人次以上的交流發言，兩地 300 餘位校（園）長、教師共同學習成長。

2019 年 5 月 14 日，來鳳縣校長培訓班在杭州市育才京杭小學開班。這是拱墅區教育局專門為來鳳縣開設的，依託「拱墅區教學節」開展深度研修。「有好的活動喊你們來」，這是拱墅教育在《2019 年拱墅區・來鳳縣東西部扶貧協作工作方案》中對來鳳作出的承諾。剛來時，雷美央以為自己會孤獨。如今，她已成為他們的「戰友」。

一個晴朗的下午，雷美央呷一口土家藤茶，縷縷陽光照進窗子，無盡的暖意頓時在心頭蔓延……「有陪伴的日子就沒有孤單；有陽光就有溫暖；有愛就有力量！」她在日記中寫道。

14 我們趕上了好時代

「快看，快看，馬文個的兒子馬木亥買兩口子從廈門打工回來了。」貧困戶馬文個聽到鄉親們的議論聲，老兩口三步並作兩步從家中跑出來，望着身穿品牌衣服的兒子兒媳，接過大包小包讓到新房裏面。鄰居們紛紛湧進來圍觀，詢問廈門務工的收入情況。看着嶄新的住房、硬化的院落、快下犢的能繁母牛，大家感歎：這家難心人（困難人）今年終於拔掉了窮根！

「我們趕上了好時代，這一切的一切都是遇到了貴人。」馬文個所說的「貴人」，就是甘肅省康樂縣委吳書記。

馬文個所在的周家溝村，是一個純少數民族聚居村，係深度貧困村，總人口 404 戶 2216 人，其中有建檔立卡貧困戶 168 戶。2013年，村幹部帶來鎮上的幹部，來到馬文個家中，說是專門查看住房情況、了解生活狀況。這些人房前屋後丈量他家建於 20 世紀八九十年代的「磨房亭」（土坯危房），詢問老兩口的身體狀況，查看口糧和吃水情況。當問到家庭收入時，馬文個老淚縱橫地訴說：「哪有收入啊，種的 5 畝苞穀不夠一家 7 人的口糧。兒子木亥買兩口子沒文化，在家裏閑着。我給鄰居們打胡基（做土坯塊）挣點油鹽錢，連藥都吃不

起。老房子夏天漏雨、冬天灌風，不知道啥時候是個頭啊⋯⋯」

鎮上來的幹部邊聽邊記邊看，鼓勵他們一家人振作精神，勤勞致富。然後，走到一邊商量着什麼。弄得馬文個丈二和尚摸不着頭腦，不知道他們葫蘆裏賣的啥藥。不一會兒，領頭的鎮上幹部說，你家的致貧原因是缺勞力，我們商量列為建檔立卡精準扶貧戶，在全村進行公示。「是不是精準扶貧戶無所謂，還不是擺擺樣子，解決不了我家的難心（困難）。」馬文個自言自語道。之後，他漸漸淡忘了這件事情。

2014 年的一天，村幹部領着一個幹部模樣的人走進馬文個家，說是他家的幫扶責任人 —— 縣人社局幹部曹紅園。

「能幫扶什麼，還不是做樣子的。」馬文個尋思着。曹紅園像前次一樣，詳細了解他家的情況，掏出本子不斷地記錄着，並與馬文個拉家常、傾心交談，弄得他有些不耐煩。之後，曹紅園多次來到他

▲ 馬文個家還沒有完工的住房

家，摸底調查，核算收入，和他們一家人商量制定「一戶一策」精準脫貧幫扶計劃。從此，曹紅園成了他家的常客，經常運轉「一戶一策」，幫助幹這幹那。

2015 年，曹紅園給他們聯繫貸精準扶貧貼息款 5000 元，動員馬木亥買兩口子到新疆務工。幾個月後，馬木亥買兩口子掙了點錢回來，家庭情況漸漸有了起色。快到冬天，曹紅園又來到馬文個家，給他的三個孫子帶來新衣服，穿上新衣服的孩子們高興得像過節一樣。曹紅園叫馬文個到縣城來，給他試着買套合身的衣服。馬文個樂呵呵地說：「我都七老八十了，就不要買衣服了。」

2017 年下半年，村幹部走進馬文個家，告訴他一個好消息：你家幫扶責任人換成縣委吳書記！他半信半疑，縣委書記怎麼會到這大山僻村來幫扶我呢？好事不會落到我的頭上吧！過了幾天，他家門口突然來了一幫人，隨行的人介紹說，這是縣委吳書記。吳書記握着他的手噓寒問暖，親切地稱文個為「文哥」，一下子拉近了兩人之間的距離。詳細了解他家的情況，仔細查看住房、院落、口糧……將他家的所有難心事記在本子上，填寫「一戶一策」，逐一商量解決辦法。

當看到大冬天的、還沒生爐子時，吳書記掏出錢，立即叫人買來炭。馬文個的老伴開始生爐子，滿屋子暖融融的，一家人高興得合不攏嘴。2017 年底，當得知馬文個患心臟病經常吃藥後，吳書記給老兩口聯繫辦理慢病卡，定期吃藥由醫院門診給予報銷，解決他們吃不起藥的難心事。全家人因此參加醫療保險，老兩口按時繳納了養老金。後來，馬文個患靜脈曲張，試着給鎮衞生院簽約醫生打電話，沒想到簽約醫生立即到他家，將他轉診到縣醫院住院治療，住院費基本上都給報銷了。說起這事，馬文個激動地說：「黨和政府的政策真的太好了，啥都不愁了，真想多活十幾年好好享受享受啊。」

　　2018 年 10 月，當了解到馬木亥買兩口子在新疆務工收入不高的情況後，吳書記通過縣勞務輸轉組織介紹他們到廈門同安區麥豐實業務工。如今，他們兩口子在廈門同安區穩定就業，每人月工資 5000 多元，而且縣上發了 7666 元的務工獎補，逢年過節可休假回家。一家人逢人便說：「我們遇到了好書記，解決了難心事，有了穩定的收入。」

　　話還得回到 2017 年下半年，吳書記看到他們一家人住着土坯危房的情景後，爭取危房改造資金 2 萬元，動員馬文個一家修建了 4 間主房。協調拉通自來水，結束了馬文個一家吃井水的歷史。2018 年，吳書記看到他的新房無力收尾，就買來地板磚、瓷磚，找來工程隊，在新房裏鋪上地板磚，粉刷牆面，打上頂棚，在外牆貼上瓷磚，幫助他們搬進夢寐以求的新房。還找了台挖掘機，挖掘推整新房前的土坝，修建圍牆、大門，改造廁所，硬化院子。通過硬化通戶道路，將通到他家的土路修成水泥路，使他們告別「晴天一身土，雨天一身泥」的歷史，徹底改變了家庭面貌。

　　2018 年 4 月，又發放補貼 3 萬元，修建牛棚、彩鋼房；補助一萬元，引進一頭能繁母牛。「這頭母牛快下牛犢了。」馬文個邊喂食苞穀飼料邊高興地告訴老伴。之後，他們又續貸精準扶貧貼息款。馬文個說：「大孫子在村小學上學，享受『兩免一補』政策，前幾天學校還發了校服、棉衣、手套，把娃娃們關心得比家裏人好，我們的主要任務是帶好兩個年幼的孫子。」他將到戶產業一萬元入股村光伏合作社，每年分紅 500 元以上。前不久，吳書記到他家，運轉過「一戶一策」後，與隨行人員將他家的衞生清理得井井有序。「我們趕上了好時代，享受上好政策，遇上了好幹部，吳書記不是親人卻勝似親人，兩年多的幫扶下，徹底改變了我們一家人的精神面貌，激發了我們脫貧致富的信心和動力。」馬文個感慨地說。

▲ 明媚的陽光照進馬文個新家

　　望着滿院子晾曬的玉米棒棒、裝滿油桶的菜籽油，馬文個說道：「如今吃穿不用愁，住上了新房，吃上自來水，走上硬化路，看病不要錢，上學有補貼，養老發給錢，打工掙了錢……這是歷朝歷代想都不敢想的。」當聽到康樂縣 2019 年要實現整縣脫貧摘帽的消息後，馬文個向前來看望他的吳書記申請脫貧。他說：「感恩黨、感恩政府，如今我們像活在了天堂裏，還有什麼理由賴着不退出貧困呢？」

　　「斧頭剁了白楊了，硬化路鋪到門上了，自來水家家通上了，天堂的福哈都享了；鋼二兩，四兩鋼，農村面貌大變樣，吃的吃來放的放；杆兩根，四根杆，黨的恩情唱不完，幸福路上明天見……」傍晚時分，馬文個讓孫子打開手機音樂，傾聽着這首優美動聽的蓮花山花兒。

15 「內源式發展」增強內生動力

　　油溪橋村位於湖南省新化縣吉慶鎮東北部,屬石灰岩乾旱地區,人均耕地面積不足 0.5 畝,當地曾流傳一句話「有女莫嫁油溪橋,一年四季為呷愁」。習近平強調,「幸福不會從天降。好日子是幹出來的。脫貧致富終究要靠貧困群眾用自己的辛勤勞動來實現。」近年來,油溪橋村如何實現從省級貧困村到全國十大鄉村振興示範村、全國文明村、全國百強特色村莊和國家級 AAA 景區村的完美蛻變?

激發自立精神,變「靠天靠地」為「不等不靠」

　　激發村民脫貧致富內生動力,聚合「我要脫貧」「我要振興」的精氣神,走出貧窮、走向振興。

　　窮則思變:拔除窮根先立志。農民自身思想的轉變,是脫貧攻堅的前提。油溪橋村面對土地貧瘠、賭博成風、人心渙散、勞力外流的困境和窘迫,從轉變觀念和精神脫貧入手,提出「做一個有尊嚴的村民」「不要向別人要,靠自己求發展」,通過思想宣講、移風易

俗、新風倡導、感恩教育以及典型樹立等方式,引導村民樹立「人窮志不窮,脫貧靠自身」精神和自我振興意識,摒棄好吃懶做和等靠求要的落後觀念,形成自尊、自信、自主、自力的共同意志,全方位激發村民參與鄉村建設的主動性和創造性,共同謀求適合本村發展的出路。

勇於破局:邁出致富關鍵步。在「不等不靠」思想理念的引領下,油溪橋村開始思索在外無資金來源、內有先天不足的被動局面下,如何在自己一窮二白、資源匱乏的鄉村大地上找到脫貧致富的突破口。經過苦苦探尋,他們先後挖掘出油溪河邊一塊閑置沙洲的商

▲ 油溪橋村民進行山塘清淤

業價值，以資金墊付、設備租用、勞動力自籌等方式，把閑置沙洲開發成有造血功能的停車場項目，實現租金收益 20 萬元，挖到村集體經濟的「第一桶金」。提出「憑、聽、察、看、摸、查、調、確」八字法，推進集體林權制度改革，開發荒山 2000 餘畝，荒山開發率100%，推出一年四季有果有花的多品種多功能經果林建設，為村莊文明建設、自治管理、生態資源可持續發展，以及村莊長遠發展夯實了堅實基礎。

自力更生：「雙手就是萬寶山」。多年來，油溪橋人的精神字典裏出現最多的是「靠天靠地不如靠自己」「自己的家鄉自己建」。沒有單位幫扶、沒有領導聯點，但從不哭窮、從不提要求，村民們憑着自己的雙手，一鋤頭一鋤頭挖，開山劈石、壘壩修田，逢山開路、遇水架橋，創造出一個個鄉村奇跡，油溪橋村舊貌換新顏。例如，為實現耕種水旱無憂和出行戶戶通，村民們握緊錘子自己幹，僅花費 3000 元鑽機費，就完成 16 萬元的管道溝通挖掘施工項目。

增強自身力量，變「軟弱渙散」為「人齊心齊」

面對班子軟弱渙散、村民人心不齊的狀況，油溪橋村以基層黨建凝聚全村人、鼓舞全村人、帶動全村人，形成一支內生內發的自主力量。

強帶頭人。「群雁高飛首雁領，羊群走路靠頭羊。」在外經商、身家千萬的致富能人彭育晚，被成功引回任村支書。彭育晚發揮脫貧致富「領頭雁」作用，憑藉其堅定信仰、先進理念、奉獻精神以及人格魅力，帶領村「兩委」一班人，大刀闊斧狠抓支部班子建設、推進村務治理改革、構築產業發展四梁八柱，推動村生態環境、產業項目

等各項事業實現全面振興。彭育晚先後被授予「中國好人」「全國新農村致富帶頭人」「湖南省最美扶貧人物」等榮譽稱號。

強支部。推行村「兩委」委員公開競選制，確立比信念、比作風、比奉獻和看誰服從意識強、看誰服務態度好、看誰業務素質高「三比三看」競選標準，參選者公開亮業績、公開談思路、公開作承諾，打造「主心骨」。吸收有學識、有能力、有擔當的鄉村精英和年輕黨員進入村組班子，村「兩委」委員平均年齡不到 36 歲，其中大專以上學歷 6 人。強化支部班子治理能力建設，油溪橋村被授予「全省基層黨組織建設示範基地」。

強黨員隊伍。制定推行拆除亂搭亂建先從黨員開始、義務籌工先由黨員帶頭、落實處罰先從黨員實施的「三先規定」，倡導黨員幹部「戴袖上崗亮身份、發展致富當能手、學習生活貼群眾」，實行黨員服務聯戶制度，全村黨員主動為村民群眾「解心結」「解憂愁」「解難題」，做到「使每名黨員都成為一面鮮紅的旗幟」。推行黨員幹部定崗、定點、定責、定項「四定」制度，對黨員履職擔當進行月度、季度、年中、年終考評，讓黨員幹部幹有激勵、幹有監督。建立黨員廉政勤政檔案，設置黨員公益事業和捐款籌工公示欄，黨員幹部帶頭義務籌工 8200 多個。

盤活自然資源，變「綠水青山」為「金山銀山」

挖掘山水人文等內源性資源，因地制宜發展地方特色產業。以共建共享共扶推動產業興村、產業富村，將「窮山窩」變成「聚寶盆」。

做好「共建」文章。綜合山水、生態、農業、民俗等發展元素，推動鄉村一二三產業、休閒農業與鄉村旅遊深度融合。樹立「不砍

一棵樹」的生態富民理念，實行十年綠化工程、四年聯村建綠和封山育林，栽種苗木 30 餘萬株，森林覆蓋率 92.8%，實現不露黃、無污染、山常青、水常綠。依託油溪河奇、秀、美的資源優勢，開發油溪河峽谷漂流景區，修建村文化長廊、清代石拱橋等歷史文化景觀，創建國家級 3A 景區，年接待遊客 6.5 萬人次，綜合收入 1225 萬元。依託本地氣候土壤特性，推動「一村多品」「一戶一特」「一戶多業」，探索發展田魚養殖、甲魚養殖等特色農業，建成農業產業基地 13 處 3300 餘畝，其中甲魚養殖和稻田養魚基地 560 畝、經果林 2800 餘畝，已形成 10 多種註冊「油溪橋」商標的農產品，年銷售收入 265 萬元。

做好「共享」文章。推動人力、物力和資源整合共享，實現資源變資產、資金變股金、村民變股東。村集體成立 2 家旅遊開發有限公司，村民資金入股 30%、勞動力入股 15%、土地入股 5%，全體村民共同參與經營、共享發展成果。創立 4 個專業合作社，採取村委統一組織開發、公司統一收購銷售、合作社統一規劃管護、技術人員統一培訓指導、農民統一參與行動「五統一」模式，31 家農家樂實行統一管理和運營的公司化運作，確保家家戶戶有產業、家家戶戶有分紅，實現村民產業發展零成本、零風險、高收益。

做好「共扶」文章。倡導富幫窮、先幫後，建立「一傳二幫三帶」工作機制，實行黨員幹部帶、致富能人帶、先進模範帶，傳產業技術、幫產業發展、幫管護銷售，產業開發經營實現全村人口、全村土地、全村項目「三個全覆蓋」。推行村委牽頭、村組幹部結對幫扶、全體村民義務捐工捐勞三級聯動幫扶，發展村級福利事業，開發釣魚山莊為貧困村民創造年福利收入 4 萬餘元，村扶危濟困基金會發放救助金 62 萬餘元，幫助困難家庭改造危房 36 套，確保全面小康路上「一個不少、一個不落」。

創新自治管理，變「不願不為」為「共治善治」

發揮農民的自治主體作用，探索創新「參與式」治理模式，推動村民共議共治共管。

以「小協商」推動「大治理」。秉承「村裏的事情商量辦、村裏的事情一起幹」議事協商理念，創新推動村民理事會、項目理事會、農民用水者協會等「微」自治組織建設，共商共議產業規劃、項目建設、淨化美化及用水管水等村級重大事項和公共事務，農民用水者協會獲評「全國用水者模範協會」。建立動員會、交流會、交心會、表彰會等「四大會議」制度，推行通報會、聽證會、評理會等新型議事模式，推動民事民議、民事民辦、民事民管。

▲ 油溪橋村休閒觀光鄉村旅遊場景

　　以「小規矩」管出「大文明」。為扭轉過去紅白喜事攀比成風、煙花爆竹浪費巨大的舊習氣，油溪橋村自立規矩制定並 7 次修訂村規民約，成功實行禁賭、禁炮、禁煙、禁漁、禁塑、禁伐、禁獵、禁鋪張浪費等「10 禁」，確保鄉風治理有章可循。推行一戶一文明檔案袋制，實行村民包庭前衛生清掃、包綠化管護、包美化建設、包設施維護、包污水淨化「五包」制，每年評選一批「最美黨員」「最美村官」「最美家庭」等「十美」村民，引導村民從自覺戒煙、自覺戒賭、自覺撿煙頭、自覺掃落葉改起做起，全面推動鄉風整治和移風易俗。2017年，油溪橋村獲評「全國文明村」。

　　以「小積分」激發「大活力」。推出「積分制」新型管理模式，推動村莊自治邁向精細化、科學化、現代化。制定出台《積分制管理細則》，全面量化出工出力、責任義務、產業經營、誠實守信、家庭美德等村民生產生活各類表現，設立獎勵量化指標 35 項、處罰量化指標 41 項，逐人逐戶實行積分動態管理。實行一事一記錄、一月一公開、半年一評比、一年一考核，堅持考核到崗、量分到戶、打分到人，積分高低與產業收益掛鈎、與幹部績效掛鈎、與評優推選掛鈎、與物質獎勵掛鈎，匯聚起全村上下爭相比籌勞、比產業、比貢獻、比擔當的活力，實現村莊治理從粗放到精細、從被動到自願的轉變。積分制的推行，實現全村公益用地零徵收、零矛盾、建設項目勞動力自籌、全村累計義務籌工 76000 餘個。2018 年，「積分制管理」經驗入選全國首批鄉村治理典型案例。

16 打好產業扶貧「組合拳」

　　精準扶貧重在精準發力，重在產業扶貧。落實好精準扶貧的各項工作，抓好產業扶貧是關鍵。雲南省昭通市注重打好產業扶貧「組合拳」，充分發揮產業扶貧的巨大作用，大力推動精準扶貧更好地發展。

做強蘋果特色優勢產業

　　昭通市低緯度、高海拔、晝夜溫差大，硒土沃壤，孕育了昭通蘋果「天然富硒、早甜香脆」的獨特品質，深受廣大消費者的青睞。但組織化程度低、品牌影響力小、帶動增收能力差，昭通蘋果「盛名之下其實難副」。近年來，昭通市按照「老產業＋新理念、新機制、新技術＝新產業」的思路，採取「引龍頭、抓創新、強指導、樹品牌、重引領」等舉措，做強蘋果特色優勢產業，助推脫貧攻堅。截至目前，昭通蘋果種植總面積已突破 60 萬畝、預計產量 65 萬噸、綜合產值 80 億元以上，覆蓋 31 萬餘群眾，3.38 萬貧困群眾通過蘋果產業實現穩定脫貧。

▲ 農戶種植的「昭通蘋果」

　　引龍頭「重組優化」。引進和培育陝西海升果業發展股份有限公司、湖南商會、東達公司等一批關聯度大、帶動能力強、有市場競爭力的龍頭企業推動蘋果產業發展。通過把土地整合起來，把群眾組織起來，走組織化、集約化、規模化發展的路子，對馬鈴薯、玉米、蘋果等傳統產業實行「重組優化」，規劃建設現代蘋果示範園 10 萬畝。目前已建成 4 萬畝高標準蘋果示範園，成為全國最大單體連片矮砧密植示範基地。培育種植營銷企業 20 餘家，初加工脆片、濃縮果汁企業 4 家，合作社 254 個，果品貯藏冷庫、氣調庫近 300 座，貯藏能力達 2 萬噸。

　　抓創新「合作共贏」。堅持良種良法、高度組織化和集約化模式、黨支部＋合作社「三個全覆蓋」，用「第一車間」理念推動集約化發展，探索出「資產抵押、固定收益、股金分紅、務工收

入」和「龍頭企業＋基地＋支部＋合作社＋貧困戶」等產業發展模式，推進資源變資產、資金變股金、農民變股東「三變」改革，實現聯產聯業、聯股聯心、抱團取暖，多渠道增加群眾收入。例如，海升集團昭通超越農業有限公司，採取「企業＋基地＋建檔立卡貧困戶」的方式，在昭陽區建設 4 萬畝現代蘋果產業示範園，通過地租收入、勞務就業、搬遷戶託管、股份分紅等帶動 2.1 萬群眾增收。魯甸縣浩灃蘋果種植專業合作社，採用「黨支部＋合作社＋農戶＋基地＋公司」的模式，以土地流轉、入股分紅等方

▲ 村民豐收蘋果的喜悅

式，形成「流轉土地＋入股分紅＋勞務收入」的多元增收機制，帶動 102 戶貧困群眾脫貧。

強指導「走科技路」。針對蘋果生產無統一標準的實際，制定《綠色食品昭通蘋果生產技術綜合規範》8 項技術標準，聘請 8 名國家蘋果產業技術專家，並與高等院校、科研院所合作，在產業規劃、現代模式栽培、育苗技術等領域給予指導和幫助。建立市、縣、鄉、村四級蘋果產業科技服務體系，組建村級蘋果輔導員隊伍 340 人。邀請國內外蘋果知名專家對技術人員和果農進行培訓，每年培訓 1 萬餘人次，果農科學種植技術水平明顯提升。

樹品牌「打綠色牌」。堅持以品質求生存、以品牌促發展，不斷強化區域品牌和產品品牌，在規範認證、試點示範、展示展銷等方面持續發力，加大農業品牌培育、塑造、營銷推介和宣傳保護。昭通蘋果共獲綠色蘋果認證 15 個、有機蘋果認證 1 個、蘋果有機轉換產品認證 1 個。不僅銷往我國東部沿海城市、香港地區，而且遠銷東南亞及南亞國家等，還拓展了迪拜等中東市場，銷往市外的蘋果佔總量的80%以上。

走出一條馬鈴薯產業發展之路

昭陽區靖安鎮松杉村西魁梁子平均海拔 2300 米以上，土壤肥沃、土質疏鬆，溫差適應、光照充足，適合種植馬鈴薯。「西魁馬鈴薯」，曾是一塊金字招牌。由於傳統、粗放種植，無標準、成本高，質優、量少、價低，一直制約群眾增收致富，全村 755 戶就有 475 戶貧困戶。

2016 年以來，昭陽區採取送理念、送政策、送技術，聯群眾、聯金融、聯市場，育基地、育龍頭、育業態的方式推動「西魁馬鈴薯」

基地建設，走出一條「三送三聯三培育」的馬鈴薯產業發展之路，實現「此馬鈴薯非彼馬鈴薯」的涅槃蝶變。

傳統產業「老樹抽新芽」。送理念，謀產業佈局。對馬鈴薯產業「聚散為整」重新佈局，用工業化理念抓實馬鈴薯產業，前端抓技術支撐、中間抓生產組織、後端抓好市場營銷，以新主體、新平台、新機制推動馬鈴薯產業發展。送政策，擴種植面積。以最優的政策、最寬的途徑，鼓勵和扶持貧困群眾進行產業結構調整。2016 年以來，累計投入 1000 多萬元用於原種補助、肥料補助等，種植面積從原來無序化、零散化、傳統化的 8000 畝，發展到現在標準化、規模化、現代化的 15000 畝。送技術，推產業標準。全面推廣「九統一」綠色高產高效集成技術，通過實用技能培訓、樣板引路，大規模全面建設。實行統一脫毒良種、統一機耕機耙等「九個統一」，實現集成化、標準化生產，保證每一畝馬鈴薯都是高產量、每一粒都是高品質。對產品進行分級分類，讓不同級別的產品適應多樣化的市場需求，逐步形成「西魁馬鈴薯」產業標準。

降低產業成本和風險。聯群眾，解脫貧之困。採取「龍頭企業 + 基地 + 黨支部 + 合作社 + 農戶」的模式，走「標準化種植、規範化管理、品牌化營銷」的現代產業發展之路。松杉、碧海兩村 645 戶建檔立卡貧困戶和 800 戶跨縣易地扶貧搬遷群眾，全部與合作社捆綁，入股分紅，有效聯結貧困群眾。聯金融，解資金之憂。建立「政、銀、農」良性互動機制，鼓勵政策性農業投資公司、融資擔保公司、貧困農戶發展生產資金互助協會等為貧困群眾擔保貸款，政府設立產業擔保、產業貸款貼息、產業風險補償等專項資金給予貸款償還風險保障，解決了發展的資金困擾。聯市場，解銷路之憂。通過實施「四個一」工程以品牌撬動市場，打造「線上線下齊發力，東西南北同推進」

▲ 農戶種植的「西魁馬鈴薯」

的銷售格局，解决馬鈴薯產品難賣的問題：在最好的季節，統一一個上市日期，實現上市時間統一；在最佳的場合，舉行一場新聞發表會，實現銷售信息發佈統一；在最優的地點，開展一系列推介活動，實現傳統銷售渠道的拓展；在最強的媒介，打造一個電商平台，實現線上線下銷售無縫銜接。目前，「西魁馬鈴薯」已走出國門，遠銷新加坡、馬來西亞、泰國等國家，2018 年出口 50 餘噸。

譜寫現代產業新篇章。培育現代基地，增發展後勁。根據地形地勢沿等高線打破原有地界進行坡改梯整治，梯埂牢固，坎面整齊，徹底打破過去的老格局，構建起整齊劃一、阡陌縱橫的新局面。培育龍頭企業，促產銷一體。引進江廈吉之匯等 5 家龍頭企業，組建西魁等 6 家農民專業合作社，對 15000 畝適宜種植核心區域進行土地流轉，利用市場和技術優勢，實行無償技術服務及「訂單式」購買，實現產

銷一體化。鼓勵和引導群眾以小額信貸資金、產業扶貧資金、土地、勞動力等量化入股參與龍頭企業、專業合作社經營。培育新型業態，拓增收渠道。通過「農旅結合、平台助推、帶資入股、返包管理、產業融合」模式，群眾的土地流轉收益，由原來 150 元 / 畝增至 300 元 / 畝。松杉、碧海 2 個村集體經濟收入達 5 萬元以上，同時建檔立卡貧困戶以資金、技能等方式貸款 5 萬元入股，按照每畝純收入的 20% 進行分紅，每戶每年分紅 7500 元左右，解決 800 戶跨縣易地扶貧搬遷群眾產業發展難題。特別是松杉、碧海 2 村 645 戶 2712 人建檔立卡貧困群眾，以土地、產業扶持資金、小額貸款入股公司或合作社，每年每戶收益 8000 元以上，產業馬鈴薯成為破解高寒冷涼地區貧困群眾增收致富的「金鑰匙」。

深挖自身潛力推進產業扶貧工作

脫貧攻堅啟動前的大關縣悅樂鎮大坪村，貧困發生率高達 49.9%。全村轄 25 個村民小組共計 872 戶 3644 人，有苗族、彝族等少數民族，有建檔立卡貧困戶 409 戶 1818 人。這裏山高坡陡，基礎設施薄弱，農戶主要以種植玉米、水稻、薯類、大蒜等為主要產業，有勞動力的年輕人大都選擇外出務工，剩下老人、小孩在家靠天吃飯，晴通雨堵、人背馬駝，農戶為生計奔波，人居環境髒、亂、差是當時大坪村的真實寫照。

牢固樹立「產業興、農民富」扶貧觀念，大力推進「一村一特」產業發展理念，瞄準「大力發展產業、促進增收脫貧」這一總目標，以「大幹產業、幹大產業」的決心和行動，整合投入產業發展資金，大坪村各類經濟作物累計新種植 6159.36 畝。其中，新種竹 5000 畝、

茶 670 畝、大蒜 212.12 畝、魔芋 27.24 畝、洋芋 250 畝；發展養殖生豬 822 頭、牛 58 頭、雞 15 902 隻。截至目前，大坪村建檔立卡貧困戶 412 戶 1889 人已 100％實現「貧困戶＋合作社」和「合作社＋集體經濟」兩個捆綁發展，持續帶動貧困戶增收。

通過歷年來的減貧措施，大坪村脫貧 396 戶 1824 人，貧困發生率降至 1.94％。沒有比人更高的山，沒有比腳更長的路。大坪村一定能翻過「貧」山、越過「窮」嶺，在 2020 年同全國人民一道步入小康社會。

17 醫治因病致貧返貧的良方妙藥

「真沒想到，俺家兒子難治的大病就在跟前的中醫館給治好了，消除了全家人的痛苦，而且幾乎沒有花錢，這樣的特色中醫館辦得真好，造福咱老百姓健康！」說起健康扶貧，山西省呂梁市臨縣白文村的李文慧一家感激涕零！2017 年初春，年僅 15 歲的李文慧，頭部受傷後，生活無法自理、言語不清、智力受損、肢肌力二級，在外治療花費近 15 萬元，已家徒四壁。白文村衛生院中醫館開館後，抱着試一試的心態來做康復理療，經過半個月的針灸按摩理療康復，收到意想不到的效果。如今，李文慧能自行活動，肌力恢復正常，語言表達清楚，智力恢復，正常入學。這期間醫院總花費 1391.8 元，新農合報銷 1142 元，自付 249 元醫院全部免除。

沒有全民健康，就沒有全面小康。健康扶貧是醫治因病致貧返貧的良方妙藥。健康扶貧工程實施以來，臨縣圍繞看得起病、看得好病、看得上病、不得病的總體要求，把增強貧困群眾獲得感、滿意度貫穿工作始終，以「八大行動」為保障，堅持「八個結合」，做到「四個強化」，開展「五大創新」，落實「十項」惠民便民舉措，走出一條具有臨縣特色的健康扶貧新路子。據統計，全縣因病致貧返貧人口

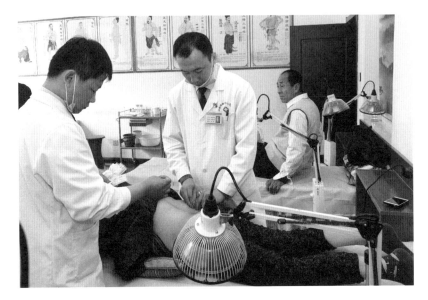

▲ 臨縣林家坪衛生院中醫特色館

由 2016 年的 12 939 戶 25 620 人減至 2019 年 11 月底的 2484 戶 4686 人，減少率 80.8％。2016 年至 2019 年縣財政不斷加大支持力度，共統籌整合健康扶貧資金 4302 萬元，為全縣農村貧困人口實現穩定脫貧提供了健康保障。2018 年 10 月，臨縣受到國家衛健委和國務院扶貧辦的通報表揚，被評為「全國健康扶貧示範縣」。

成立健康扶貧專項工作領導小組，組建健康扶貧技術指導中心，協調推進健康扶貧工作

在政策銜接上，聯合推行政策保障、「一站式」報銷結算等制度。在精準識別上，實行分級負責，對因患重大疾病或長期慢性疾病，全

面摸底調查，分級建立台賬。在管理服務上，實行協調聯動，設立健康扶貧專職代辦員 788 人，為本村縣外住院貧困患者和「雙簽約」服務對象、中年老體弱、行動不便、智障等人員代報代辦醫保報銷、民政救助等業務，最大限度方便貧困群眾。

為提高群眾對健康扶貧政策知曉率，打通健康扶貧政策宣傳「最後一公里」，利用多種形式開展健康扶貧政策宣傳。先後舉辦全縣幹部專題培訓班 2 期、業務培訓班 5 期、代辦代報員培訓班 1 期。組建 23 支健康扶貧政策宣傳隊，進村入戶、面對面宣講健康扶貧政策。縣鄉醫療機構全部開通貧困人口就診綠色通道，開闢健康扶貧諮詢窗口 28 個，設置健康扶貧政策宣傳欄，大廳顯示屏循環播放健康扶貧政策。利用媒體、海報、標語以及群眾喜聞樂見的方式，宣傳健康扶貧政策，印製健康扶貧政策明白卡 9 萬張，印製健康扶貧政策解讀 6 萬冊，健康扶貧培訓資料 3000 冊，為 447 個貧困村製作健康扶貧政策宣傳專欄，為 631 個行政村製作健康扶貧政策宣傳 U 盤，利用村廣播每天播放，讓健康扶貧政策家喻戶曉、深入人心。

把握基本醫療衛生事業的公益性，轉變衛生與健康發展方式，全面提升人民健康水平

開展「五送一便利」活動。為解決留守老人貧困患者缺醫少藥的困境，開展「五送一便利」活動，即送義診到戶、送常用藥到戶、送健康扶貧政策到戶、送健康體檢到戶、送健康處方和口袋書到戶，為貧困戶提供基本公共衛生服務便利。以家庭醫生簽約服務為抓手，開展定期隨訪、基本公共衛生服務、疾病診療及轉診康復指導和健康知識宣傳等服務，共義診 8546 人次、送常用藥 5900 盒、宣講政策

40 219 人次、健康體檢 39 113 人次，送健康處方 10 萬份、口袋書 28 萬冊。

建設中醫特色理療館。針對全縣腰腿疼、關節炎、肩周炎、脊柱病患者佔總患病人數 25% 的現狀，2015 年 8 月以來共建成 21 個鄉鎮衞生院中醫特色理療館，開設中醫針灸、理療、熏蒸等項目，配備相關診療設備。全縣中醫館投入運行以來，服務群眾 3.56 萬餘人次。

開展下鄉義診巡診村村行。多次協調省級醫院和縣級醫院等對口支援單位，到鄉村開展義診巡診活動。先後到 350 個村開展義診巡診活動，服務群眾 21 600 餘人次，贈送價值近 50 萬元的藥品，讓老百姓在家門口享受到優質醫療服務。

開展全民預防性健康體檢活動。確立全民預防性健康體檢全覆蓋的思路，各鄉鎮衞生院成立預防體檢小分隊，攜帶便攜式體檢儀器逐村入戶進行體檢。累計投入資金 400 餘萬元，為 39 萬餘人次進行預防性健康體檢。

全力打造「健康家園」，健康之樹扎根臨州大地上，為老百姓結出幸福的果實

「三保險三救助」。截至 2019 年 11 月底，建檔立卡貧困人口累計報銷 54 189 人次，醫療總費用 3.73 億元，報銷總金額 3.14 億元，報銷比例達 91.6%。2016 年以來，縣財政共為貧困人口繳納基本醫療保險基金 10 228 萬元。

「三個一批」。2016 年以來，在全縣貧困人口中逐鄉逐村逐戶進行摸底排查，分鄉鎮、分病種建立台賬，按照治癒一批、管理一批、重病兜底一批的原則，實行有進有出的動態管理。累計核準建檔立

卡患者 38 953 戶 50 661 人，已救治 50 660 人。完善大病專項救治方案，對新增的大病患者，按照「四定兩加強」原則開展救治，由縣人民醫院定點專項救治，結合省人民醫院幫扶專家成立醫療救治專家小組，建立疑難重症病例會診、遠程會診、轉診、巡診機制，實施轉診備案管理。縣人民醫院、縣中醫院確定為慢性病審核鑒定醫院，每周五對慢性病患者進行審核鑒定，共鑒定慢性病患者 2.16 萬人。為 1.3 萬名慢性病貧困患者，贈送「慢病服務小藥箱」。

家庭醫生簽約。建立以縣醫院醫生為組長的家庭醫生服務團隊 486 個，累計與 345 263 人簽訂家庭醫生服務協議。家庭醫生簽約率達到 61.5%，其中建檔立卡貧困人口做到應簽盡簽，重點人群簽約率達到 87%。累計開展基本醫療服務 151.3 萬人次，基本公共衛生服務 145.2 萬人次。制定《家庭醫生簽約服務考核辦法》，明確家庭醫生工作內容及質量標準，考核管理指標從「簽約數量」向「服務質量」轉變。

健康扶貧「雙簽約」。全縣應簽 20 343 戶 40 858 人，因病致貧返貧群眾、非因病致貧返貧群眾中患有大病、36+7 種慢病、重病患者，2019 年全部重新簽約並按規定如期履約服務。共開展健康扶貧政策宣傳 1893 場次，提供服務 26 664 人次，上門隨訪 39 085 人次，免費健康體檢 19 516 人次。

「先診療後付費」一站式結算。開通縣域內一站式結算的基礎上，2019 年在縣政務大廳開設「縣域外一站式結算窗口」。投資 8 萬元完成縣域外一站式結算服務系統升級建設任務，對從事系統工作人員進行集中培訓。與呂梁市縣域外一站式結算系統進行對接，目前已進入系統試運營階段。公共衛生服務方面，2017 年以來，共為三級以上重度精神患者 5383 人，落實監護人以獎代補 64.6 萬元。開展地方病、艾滋病、精神病及傳染病防治工作，進行職業病監測，環境衛生監測

▲ 臨縣中醫院組織開展下鄉義診活動

和水質監測。2016 年以來，共為兒童篩查「兩病」9812 例，聽力篩查 3792 例。發放兒童「營養包」329215 盒，「兩癌」篩查 157 254 例，產前篩查 9985 人，0 — 6 歲兒童殘疾篩查 121 例，孕前優生健康檢查 9196 對。

提高基本醫療服務能力。投資 600 餘萬元，為鄉鎮衛生院配備 X 光機、洗胃機等必要設施設備。投資 5000 餘萬元，對縣級醫院和基層衛生院進行新建、改擴建、信息化建設和大型設備購置，有效提升縣鄉醫療機構的服務能力。2017 年以來，共為縣鄉醫療機構招聘 135 名醫技人員，鄉招村用 5 名。2016 年以來，共招聘充實 117 名鄉村醫生，有效解決了全縣因村醫達齡、辭職、解聘導致的「空白村」無合

格鄉村醫生問題，優化了鄉村醫生隊伍結構。

加強村衞生室標準化建設。對 314 個貧困村衞生室和 133 個非貧困村衞生室進行標準化建設，全縣 610 個村衞生室全部實現標準化。按照村衞生室設施設備配備標準和要求，投資 600 餘萬元，對 610 個村衞生室配備聽診器、血壓計、體溫計等常用診療設備，配備 50 種以上的基本藥物，配置石墨烯暖牆等環保取暖設施設備。

加強鄉村醫生隊伍建設。每年組織全縣鄉村醫生，進行專項技能短期培訓。利用鄉（鎮）衞生院每月一次的鄉村醫生例會進行培訓，採取義診巡診、對口支援等多種方式，提升全縣鄉村醫生整體服務能力和水平。各鄉（鎮）衞生院會同各支部村委與所轄鄉村醫生全部簽訂《在崗履職目標管理責任書》，細化實化鄉村醫生考核管理辦法。對全縣鄉村醫生在崗履職和村衞生室運行情況進行督查，對長期不履職、不在崗、不服從管理、群眾舉報反饋經查實的 34 名村醫予以解聘。落實每村衞生室運行經費 2000 元/年，兌現在崗村醫 700 元/月崗位津貼補助，加大村醫公共衞生服務績效考核獎勵力度，開通「村醫通」門診信息結算系統，大大提高了村醫熱心服務群眾的積極性和創造性。

18 青背村黑木耳的分紅會

「木耳還不夠乾，再曬兩天……」這是在青背村黑木耳園區裏經常聽到的一句話。可正是這句聽似不經意的話，表達了村民們內心深處那份實實在在的淳樸；正是這份樸實讓青背村的黑木耳走向全國各地，讓青背村走上脫貧致富路。

環境得天獨厚，脫貧出路難尋

吉林省蛟河市漂河鎮青背村是省級貧困村，全村 337 戶、1548 口人，貧困戶 18 戶、50 人，沒有路燈，沒有柏油路……人們背着簍在山裏走，蹚着河卻要計算着日子怎麼過……曾經，這是青背村村民生活的真實寫照。

這裏山高水長，一條青背河帶着涓涓細水匯入亙古長流的松花江，非常適合發展木耳產業。2016 年，吉林市環境保護局聯合吉林工業職業技術學院投資 25 萬元建起青背木耳種植園區，由村委會選派村幹部任木耳園區副主任，負責項目管理。青背村的木耳產業似乎迎來轉機，讓村民們重新燃起希望。遺憾的是，由於缺乏管理及木耳種

植和銷售經驗，當年不僅未增收，反倒虧損 6 萬元，這讓村班子、貧困戶以及包保部門發展扶貧產業的信心和熱情均受到沉重打擊。

年輕書記獲信任，新模式扭虧為盈

2017 年，吉林市生態環境局的曾麗圓被派駐到青背村任第一書記，村民們並沒有把這個小姑娘當回事兒。「一個小丫頭片子，她能幹點啥。」這是村民范學仁對曾麗圓的第一印象。然而，當他說「有困難，就缺錢」的時候，這個年輕的書記卻記在心上。沒過多久，曾麗圓就為范學仁送來小雞、小鵝，並叮囑：「好好養大，別養死了，到時候賣了錢，都算你的」。從那以後，范學仁便開始信任這個小姑娘，「曾書記讓我幹啥，我幹啥」。

村民們是最樸實、最單純的，些許溫暖，些許幫助，就能讓他們把你當成「自己人」，這更讓曾麗圓堅定了信念。村民們不是不想致富，而是找不到致富的門路，他們一直在勤勤懇懇、踏踏實實的努力，卻怎麼也看不到生活的起色，這或許是大多數貧困戶面臨的困境。

守着青山和綠水，青背村發展木耳產業為什麼會失敗？通過學習木耳培育知識、走訪鄰村木耳種植大戶，曾麗圓找到了原因所在：村幹部缺乏種植技術和管理經驗，產量上不去，銷售渠道不暢，木耳賣不動。在村委、村民的大力支持下，她重新打造木耳種植園，設計「集體＋種植大戶」的合作經營模式，制定標準化生產流程，由村裏的致富帶頭人、農民黨員參股並負責日常管理，村裏負責技術指導和產品營銷，狠抓質量，打造品牌。木耳種植採用 98 米深井水澆灌，全過程零添加，杜絕打藥、熏蒸、染色等不良違規操作，村民們的樸實、認

▲ 青背村的木耳種植基地

真、責任，使木耳質量達到國家標準。

2017 年，青背村的木耳種植基地產出優質秋耳 5400 斤，比 2016 年整整翻了三倍多，實現銷售額約 30 萬元，淨收入 8.5 萬元。在青背村舉辦扶貧造血工程 —— 木耳園區年度分紅會上，村民們領到了屬於自己的分紅，臉上紛紛露出燦爛的笑容。

創新銷售渠道，重燃生活希望

為進一步提升銷售，拓寬銷售渠道，青背村積極探索微信銷售模式。針對木耳綠色種植、形圓肉厚，入口嚼勁兒十足等品質特點製作宣傳圖文，通過環保局 100 多名幹部職工及技術學院 5000 餘名師生的微信朋友圈大量轉發，吸引了大批消費者購買。與中國郵政合作，實現網絡銷售，木耳遠銷北京、上海、山東等城市，跨越長江黃河，成為人們的美味佳肴。通過微信和網絡銷售，5240 斤木耳幾個月全部銷售一空，不僅村集體實現創收，而且合作方實現 8 萬元的營利，還

帶動村民採摘、包裝木耳收入 3.4 萬元，貧困戶每戶增收 1000 元。到
2018 年底，青背村集體經濟收入達到 30 多萬元，貧困戶每戶均收入
3500 元。

71 歲的貧困戶周德英大娘，2009 年為給老伴治病，欠下 15 萬元
外債，逢年過節就有人上門討債。兒媳患有嚴重癲癇，孫子也疑似癲
癇，原本樸實勤勞的兒子楊慶舉不堪重負，精神瀕臨崩潰。2018 年，
靠着項目分紅和楊慶舉打工以及發展庭院經濟，家庭人均年收入達到
3800 餘元，所欠外債還上了一大半。這樣的收獲，使周大娘一家對生
活重新燃起希望。

觀念變天地寬，誠信收獲好評

網絡銷售模式逐漸步入正軌，村民們多了一個銷售農產品的渠
道，也紛紛開始轉變觀念，主動思考，希望將這個渠道利用起來為
自己增收。自家採摘的蘑菇、散養的小笨雞等，紛紛出現在朋友圈
裏。可喜的是，這些純天然、高品質的農產品與黑木耳一樣受到客戶
好評。

這其中，讓人印象最深刻的還得數村民范學仁。他上山採了一些
榛蘑，七八斤的樣子，看到曾書記通過微信把木耳賣得這麼好，就想
着用這種方式把榛蘑賣出去。

據范學仁回憶，那是一個周三，他在曾書記入戶到他家時說：
「哎，曾書記，你用微信把咱村木耳賣那麼好，我這有點蘑菇，純大
山上的野生榛蘑，你給看看能通過微信賣了不？」曾書記打趣道：「你
想賣多少錢？」他說：「前兩天，他們給我 35 元一斤，我沒捨得賣，
你要能給賣到 40 元一斤，那我就老幸福了！」曾書記想到之前有客戶

跟她打聽過榛蘑，考慮到榛蘑的稀缺性以及採摘耗費的時長和體力，便對他說：「我幫你賣到 70 元一斤，但是你得包郵，怎麼樣？」范學仁既興奮又爽快地答應了！趁着他的樂呵勁兒，曾書記拍了幾張他手捧榛蘑，面帶笑容的照片，配圖和文字發到朋友圈裏。讓范學仁驚喜的是，4 分鐘左右，榛蘑就被搶沒了。當他得知購買榛蘑的客戶來自廣州、長春等地時，范學仁第一反應是郵遞路途遙遠，蘑菇如果曬得不夠乾，會被捂壞。於是，他主動說：「曾書記，我這蘑菇曬得不夠乾，你要是發那麼遠的地方，今天先別發了，趁着今天天氣好，正好你們給我扣的暖棚溫度高，我再曬曬，等明天曬乾了再發貨，你看行不？」

▲ 種植基地的優質秋耳

　　這一舉動，讓客戶很是感動。大家都知道，經過曬乾、水分蒸發後，榛蘑的總體重量會縮水，這就意味着范學仁的收入會減少。這無疑是以最淳樸的內心，保障着產品的品質。

　　幾天後，東莞的客戶收到榛蘑後發來信息，短短幾個字：「收到。很香、很好、很乾。謝謝！」

　　范學仁說：「曬乾後咋說也得少一斤上下吧，但是不用惦記在郵道兒上蘑菇發潮捂壞了，這錢掙得才踏實！」

　　市場的認可，來源於品質的保障，但這份高品質倚仗的是，像范學仁這樣的樸實與誠信。這份淳樸的初心「毫無雜質」，這樣青背村的「消費扶貧路」才能「行穩致遠」。

　　2018 年，青背村已實現整村脫貧「摘帽」。通過黑木耳的分紅會等，村集體和貧困戶有了穩定的收入來源。如今的青背村，木耳產業發展如火如荼，村容村貌明顯改觀，道路通暢，村民文化生活豐富多彩。

　　「今後的生活一定會越來越好」！這是時下村民們最常說的一句話，臉上的笑容淳樸而燦爛⋯⋯

19 「互聯網＋」助力脫貧攻堅

　　彭陽縣地處「苦瘠甲天下」的寧夏回族自治區西海固地區，是革命老區、民族地區、集中連片的特殊困難地區。現轄 4 鎮 8 鄉 6 個居民委員會 156 個行政村，戶籍總人口 25.03 萬人。全縣水資源總量為 8920 萬立方米，人均水資源量僅為 356 立方米，資源性和工程性缺水是制約全縣經濟社會發展的主要瓶頸。自 1983 年建縣以來，歷屆縣委、縣政府先後組織實施生命工程、農村飲水解困工程、飲水安全工程，農村供水工程基本實現全覆蓋。但受地理條件等因素的影響，供水管線佈置複雜，加之建設標準低等原因，跑冒滴漏、事故頻發、成本過高、收費困難等運行問題十分突出，時供時斷、有管無水、水質不穩、水價不一等服務問題普遍存在。打響脫貧攻堅戰後，僅僅幾年時間，2019 年 4 月 27 日經區黨委、政府批准，彭陽縣正式退出貧困縣序列。

30 多年來的農村群眾飲水難題，為何能得到歷史性解決，並有力促進畜牧養殖和庭院經濟等富民產業快速發展？

堅持運用互聯網思維，採取信息化手段，推進均等化服務，探索出一條「互聯網＋人飲」建設管理新路徑，取得「通上水、管好水、水好用、方便用」的顯著效果，實現由擔水馱水到手機買水的歷史變革。目前，在全縣形成以「寧夏中南部城鄉飲水 —— 彭陽縣北部、中部、南部連通工程」為骨架，覆蓋全縣城鄉的供水管網體系，全縣農村飲水安全覆蓋率、水質達標率均達到 100%、自來水入戶率達 99.8%（建檔立卡貧困戶 100%）、供水保證率達 96%。

創新資金投入機制，破解資金難題。堅持把解決農村飲水安全作為重大民生工程和打贏脫貧攻堅戰的重點難點，堅決破除「等靠要」思想。組建成立縣水務投融資平台，通過爭取政策性貸款 0.67 億元、中央預算內資金 0.11 億元，統籌整合財政涉農資金 1.7 億元、地方債券 0.37 億元等多種渠道，積極籌措資金 3.1 億元，保障農村飲水安全工程建設，全面補齊水利基礎設施建設短板，切實解決全縣 19 萬農村群眾安全飲水「最後一百米」難題。

優化建設管理機制，提升建管水平。採用設計、施工、運維總承包模式，通過公開招投標，評選長江勘測規劃設計研究有限責任公司承擔農村飲水安全鞏固提升工程三年建設、十二年運維服務，實現工程從設計、施工到運維的無縫銜接和有機融合，切實提升工程建設管理水平。堅持工程標準化建設，推廣應用 PPR 入戶管材、光電遠傳直讀水錶等新材料、新技術，引進自動化監測設備，配套實施聯戶錶井和管網監測智能化改造，為工程信息化管理奠定基礎。創新應用智能

信息化管理，投入1000餘萬元，打造「互聯網＋人飲」信息化管理系統，建成智能門戶網站、「人飲一張圖」、移動 APP「三大入口」，研發自動化監控、工程管理、水費管理、物資管理、用水節水管理「五大應用」，實現從水源到水龍頭全鏈條全區域自動運行、精準管理，工作人員在電腦前或手機上就可以隨時隨地遠程監控、調度以及控制事故。管理工作人員由90人減少到40人，管網漏失率由35%降到12%，年節約水量30萬立方米，相當於全縣農村生活用水總量的13%，實現了節水、降本、增效。

　　強化運營保障機制，確保高效運行。創新「EPC+O」運維模式，政府和企業共同出資1000萬元，組建成立縣城鄉供水管理有限公司，協同負責全縣供水工程運行管理，實現全縣安全飲水工程專業化管理、高效化運行。縣財政預算每年安排200萬元用於供水工程維修養護補貼。聘請6名專業技術人員，採取常規檢測、聯合抽檢和在線自動監測等方式，實時監測水質，確保農村飲水安全。

▲ 羅窪鄉羅窪村後山組的羅山3萬立方米蓄水池

完善供水服務機制，提高服務質量。深化城鄉供水一體化改革，將城鄉供水職能劃歸縣水務局統一管理。通過實施寧夏中南部飲水工程，將本地水源全部替換，提高供水效率，降低供水成本，在 2017 年政府對水源成本價補貼 1.75 元 / 米^3 的基礎上，將原城市 2.3 元 / 米^3、農村 4.3 元 / 米^3 水價統一調整為 2.6 元 / 米^3，讓農村群眾享受到城鄉均等化基本公共服務，真正實現全縣城鄉供水「同源、同質、同網、同價」。開通「彭陽智慧人飲」微信公眾號，群眾通過手機微信即可掃碼繳費、查看用水信息、申請停用水，改變以往管理部門下井抄錶、上門收費的傳統模式，有效解決水費收繳難題，全縣水費收繳率由過去的 60% 提高到 99%，群眾安全飲水滿意度達 98%，形成了「供水有保障、服務跟得上、水費收得回」的農村人飲監管新格局。

彭陽縣在解決農村群眾飲水難問題上有哪些好經驗，可以向全國一些飲水難、用水難地區推廣？

改革創新是解決農村飲水問題的核心驅動。惠於水利廳的先行試點、彭陽縣政府勇於創新，在農村飲水鞏固提升方面，創建融資平台，解決資金問題；轉變政府職能，釐清建管責任；推行總承包，確保工程質量；推進水價改革，實現城鄉供水服務均等化；成立合資公司，承擔運行管理；購買社會服務，保障工程長期運行。各項創新促使全縣順利、高效地解決農村飲水問題，形成群眾滿意的良好局面。無論缺少哪一環節，都會使農村飲水建管服效果大打折扣。

信息技術是解決農村飲水問題的重要手段。彭陽人飲工程按照智慧水利框架和佈局，充分利用雲計算、物聯網、大數據、智能化、移動互聯網等先進的「互聯網＋」新技術，建設從水源到龍頭的全過程

自動化監控體系。對農村飲水工程運行進行全程實時監控管理，實現泵站等人飲工程的無人值守、遠程控制和自動運行，解決人飲供水中測控不準、跑冒滴漏、運維響應慢、水費收繳難等問題，節省人力，降低成本，管理高效，有效提高了供水安全性和保證率。

　　群眾滿意是解決農村飲水問題的最終目標。通過彭陽農村飲水鞏固提升工程建設，使全縣農村人口與縣城居民一樣喝上了「同源、同質、同網、同價」的自來水。同時，隨着智能水錶進村入戶，大山深處的貧困農戶可通過手機微信掃碼繳費、查看用水信息，喝上放心水，繳納明白錢。彭陽人飲工程提供了城鄉飲水均等化服務，方便了群眾吃水用水買水，提高了人民的幸福感和生活水平，為打贏脫貧攻堅戰、實施鄉村振興戰略提供了堅強有力的水安全保障。

▲ 王窪鎮崖堡村大寨組的王窪水廠

20 攻堅戰場上的成茶「工序」

一沖、一泡、一飲、一啜。茶葉便在這極短過程中昇華到極致。從極短到極致，就茶而言周期短暫，但就人而言，就是一輩子。

殺青就是「要命」

毛壩鎮，位於湖北省利川市境內，屬地土地肥沃但多雲寡照，境內氣候溫和卻溝壑縱橫。

五二村距離毛壩集鎮不遠，既享「肥」有「溫」又逃不過「但」與「卻」，2014 年建檔立卡 66 戶 213 人。貧窮扎在溝壑中，在「肥」和「溫」中瘋狂抽取營養，肆意在溝壑裏縱橫。

57 歲的朱祥合，30 多年前住在五二村。作為 1978 屆的高中生，終究抵抗不過「吃」的需求。畢業後返回家中，眼前是破瓦、木房，牀上鋪的是稻草，開始的是田地裏刨食。

即便再勤扒苦做，果腹的還是洋芋、紅苕。所幸，至少這些可以果腹。

但是，茶葉來「要命」了。

1984 年，毛壩成區，迎來第一任區委書記黃仕永。區委針對毛壩土肥、溫和、多雲、寡照、溝壑，選定茶產業，規避水稻種植中濕度大、常年霧氣彌漫的稻瘟侵害，規避少雲、寡照造成的玉米產量不高窘境，也迎來一場空前的造園運動：抽槽換土，積壓青肥，調撥茶種，分發化肥，茶園「佔地運動」開始。

1988 年，朱祥合結婚生子，女兒朱小華呱呱墜地。家裏加口添丁，日子愈發苦熬。

毛壩的糧管所區別於其他地區的糧管所，別地糧管所負責收，毛壩的糧管所負責出，歸根到底就是土裏不出糧，要救濟。在這樣的大背景下，1991 年第三任區委書記陳朝安提出：讓茶葉下水田！

一石激起千層浪！毛壩的老百姓炸了鍋，餓肚子餓怕了的朱祥合也炸鍋了：「茶葉下水田，種糧食都沒飯吃，把好田好土拿來種茶，吃什麼？吃什麼？」

▲ 朱祥合家的茶園子

茶葉不下水田，朱家還有「四擔米」可以吃：苗子擔上去栽，穀子擔回家曬，曬乾擔村裏面打，打完擔回家吃，「四擔米」走四十里路才算喂到嘴。茶葉下水田後，「四擔米」沒有吃的了。作為高中畢業生，朱祥合也深深知道，「四擔米」吃不飽，豬更不敢喂，豬跟人搶糧食。

茶葉摘下來要殺青，高溫破壞和鈍化茶葉中的氧化酶活性，散發嫩葉青臭味。毛壩的茶葉產業殺青，就是向溝壑、雲霧要效益，打破根深蒂固的窮苦限制。朱祥合的茶葉殺青，既是被動又夾雜一絲不甘，餓怕了，窮怕了，就該餓？就該窮？

朱祥合甩了「四擔米」，讓茶葉要了自己的命 —— 種茶。

揉撚就是「搏命」

「喝你一口茶呀，哪來這多話……」利川民歌《六口茶》展示土苗兒女敢愛敢恨，熱情奔放。

剛剛種茶的朱祥合唱不出《六口茶》，擺在他面前的是「六蔸茶」。「六蔸茶」？通俗地講就是茶苗「左一蔸，右一蔸，前一蔸，後一蔸，上一蔸，下一蔸」。茶苗種植不成規模，茶葉品種老化落後，種茶技術懵懵懂懂，更別提做茶製茶，至於品茶 —— 那是什麼玩意？

茶葉下水田，幹部和農民開始「幹仗」：幹部白天挖開田坎放水，農民晚上築起田坎灌水；幹部從湖南大墉（今張家界）運回茶苗到家到戶鼓勵種茶，農民將茶苗曬乾入灶引火做飯；幹部送肥料鼓勵種茶，農民施肥苞穀地、洋芋土，反正是免費，管它什麼肥。

你揉我撚，你拉我扯，「幹仗」到2003年。

朱祥合決定了的，就是定了的。你們「幹仗」，我反正是和茶葉鉚上了。

從一根鐵釬插到底學起：深挖田土，掩埋菜枯（菜籽餅）、豬牛糞，加肥覆土回蓋，一鐵釬插得到底，才算合格。

六苑茶變成條植茶，條植茶變成密植茶，密植茶變成無性系良種茶，1991年開始種茶的朱祥合用20年打磨自己的三畝茶園。

20年的時間，毛壩區在1996年變毛壩鄉，同時帶來變化的還有許多：辦精製茶廠，引入小機械，茶樹下水田，引進世行項目，建設苗圃基地，着力企業改制，引入民營資本，着手品種改良。

20年的時間，朱祥合的茶葉拉扯大了姑娘，「四擔米」四十里路吃不飽到「一擔米」幾里路買回家吃，填飽全家人的肚子。市場經濟把決策權還給老百姓後，引領和相信變得尤為重要。

朱祥合的房子從五二村搬到牛場，距離村委更近，距離集鎮更近。但不變的是木屋、瓦頂，和以前的房屋相比，縫隙小了，仍漏風；瓦頂密了，仍漏雨。

發展的進程中，吃飽很好，住得差點，漏點小雨都不是事。

把經過殺青變軟的鮮葉，用手工或機器揉成條形、針形、顆粒、片等要求的形狀就叫揉撚。毛壩鄉的揉撚就是把茶基地揉成塊，茶產業揉成型，帶着老百姓找茶奪飯吃。朱祥合的揉撚就是把茶揉成米，揉成衣，揉成瓦。

認定茶葉的朱祥合搏了命，吃上飯。

烘乾就是「削骨」

常年勞作，朱祥合和老伴彭銀鳳慢病纏身，所幸無大病無大災，生活重心仍舊維持在吃。對標「兩不愁三保障」，2013年底，朱祥合一家被納入建檔立卡貧困戶。

丟了人，是貧困戶，就好像是脊背上挨了一鋤頭，斷了骨頭，直不起腰。

老朱抽煙，褲腳撈起，露出大腿，口袋掏出膠袋子，層層疊疊地撥開，挑選出一片葉子煙，小心地捲起一邊，放大腿上不斷揉搓，裹實後叼嘴裏，打火拚命地吧嗒，臉頰深陷才能抽出煙氣。

以前抽煙是解乏，茶園裏盯一天，感覺過癮。當上貧困戶後，抽煙是解悶，茶園裏盯一天，感覺無可奈何。煙還是那個煙，即便熏黑了牙齒，品咂出的味道卻不是以前的味道。

所幸，老朱納入建檔立卡貧困戶。

毛壩鄉持續跟進的茶產業引導，老朱一家茶產業精準激活。

茶葉厚植，毛壩建成全省最大的紅茶出口基地和地方良種茶生產基地；「企業＋合作社＋基地＋農戶」—— 建成的利益鏈接，推動企業扶貧；整合的重點貧困村產業發展獎補資金，直接落戶貧困戶；培訓、指導、現場會紛至遝來，免費苗木、肥料進到農戶家⋯⋯

和毛壩茶葉息息相關的還有企業。2009 年，飛強茶葉科研團隊從 10 多個品種中，重點研究「冷後渾」。2013 年，「星斗山」牌「天賜冷後渾」利川紅榮獲第十屆「中茶杯」特等獎，探索的「12854」產業扶貧模式，即「利川紅」1 個品牌、組建 2 個茶葉專業合作社、參與 8 個貧困村的產業扶貧、精準幫扶建檔立卡貧困戶 500 戶、每戶落實 4 條具體幫扶措施，讓普通茶畝產值提高到 5000 多元，「冷後渾」茶園畝產值超過 15000 元，最高的達 20000 元。

朱祥合砍了老茶樹，擴大種植面積：「冷後渾」更新一畝，白茶兩畝，普通茶兩畝，通風巷、有機肥、修枝、追肥⋯⋯

茶葉烘乾，就是去除茶葉水分。老朱而言，烘乾，就是削骨，脊梁打斷，那就削尖，插進茶園，讓它長直。

▲ 朱祥合在自家茶園勞作

提香就是「塑魂」

茶葉在高溫環境下翻炒，使茶葉中香味物質在較高的溫度條件下揮發出來，讓加工好的茶葉具有濃郁的香味，就是提香。

厚積薄發，老朱「香」了。從學到精，老朱變成朱師傅；茶園管理、製茶做茶都是一把好手，老朱成了技術員。

利川柏楊壩鎮、忠路鎮、沙溪鄉等鄉鎮都慢慢地知道了毛壩五二村有個朱師傅。咸豐縣馬河村的茶廠最後一道工序提香不到位，茶葉香味寡淡，專程請朱祥合赴咸豐縣指導提香技術。質量、品種、乾濕是提香的前提，眼力、顏色、感覺是提香的關鍵，一個月下來，提香解決。

2019 年，朱祥合精耕細作的一畝「冷後渾」茶園，純收入 2 萬元；2 畝白茶，純收入 1.5 萬元；2 畝普通茶葉純收入 5000 元。朱祥合的茶葉技術不包月，只論天，200 元一天的製茶費，2019 年收入 2 萬多。女兒朱小華學採茶、泡茶，2019 年春茶冒尖時節，採茶賣茶每天 800 元，女婿外出務工，年收入 8 萬元。房子，早不在牛場，五二新村二樓一套新房窗明几淨，脫貧早已實現。

從 1984 年開始，通過 30 餘年，利川市茶葉面積穩定 24.5 萬畝，其中綠色食品原料基地達到 20 萬畝，涉及全市 10 個鄉鎮 141 個專業村，全市涉及茶農 8.1 萬戶 20 餘萬農民，直接聯結貧困戶 7024 戶，發展茶葉 1.38 萬畝，間接聯結數萬貧困群眾脫貧致富。老朱一家經歷毛壩區、毛壩鄉、毛壩鎮，成為 20 萬餘茶農之一。

茶葉種植 30 餘年，老朱歷經毛壩 10 任書記種茶，毛壩鎮成為湖北省茶葉第一鎮。「冷後渾」「黃金葉」「毛壩早」「梅讚」「金萱」在農戶耕耘下進萬戶。毛壩鎮 2012 年獲評「中國名茶之鄉」，2013 年被授予「國家生態鄉鎮」稱號，2014 年被原農業部列入「全國一村一品示範村鎮」。種種榮譽都離老朱很遠，但又好像都是老朱掙來的。

市價幾千塊的「冷後渾」泡在老朱專屬玻璃杯中，浮沉中析出清亮，飄出芬芳。這是朱祥合自己的私藏。品茶 —— 勞作之後的新功課，老朱愈發純熟。

富裕來源於持續，久久為功。而持續，不是苦熬；茶產業，要熬，不苦，正香。

21 科技讓石榴插上扶貧翅膀

「大家好！非常榮幸參加全國科技助力精準扶貧工作交流會。下面，我簡要介紹一下武店村科技助力精準扶貧和推動振興鄉村的探索與實踐……」在 2019 年 11 月的會議上，武店村作為全國「十佳」科技助力精準扶貧示範點，受到表彰。

近日，央視《焦點訪談》欄目為製作 2020 年元旦期間脫貧攻堅特別報道節目，來到武店村進行現場採訪，攝製組導播開門見山問道：你們這個科技助力精準扶貧示範點，哪個方面最典型、最有代表性？村裏的幹部群眾不假思索回答：那還得數咱們的軟籽石榴基地啊！

緣起

武店村距南水北調中線工程渠首約一公里，全村共有 696 戶 2844 人，原有建檔立卡貧困戶 70 戶 242 人。2016 年底退出貧困村行列，現為省定的鄉村振興試點村。

這個村位於南水北調核心水源區，所以「有山不能牧、有水不能

漁」。雖然全村已脫貧，但仍面臨着發展產業、穩定脫貧的壓力和瓶頸制約。村「兩委」一班人和駐村幹部反覆商議，下決心走綠色發展之路，做強軟籽石榴種植這一生態產業。

談到如何選中軟籽石榴這個產業時，村支書沙聚富說，當時，我們也不知道發展什麼產業好。但附近的張河村發展幾百畝軟籽石榴，聽說是從突尼斯引進的新品種，不僅品質好，而且市場前景也行。渠首一帶山好、水好、生態好，在這裏種出的軟籽石榴一定能闖出市場品牌！

於是，村「兩委」班子商議，就是它了！到張河村一打聽，原來人家是「公司＋村合作社＋農戶」的模式，主要靠河南仁和康源公司帶動脫貧致富。2017 年深秋，比葫蘆畫瓢，武店村的軟籽石榴產業起步了。當年，流轉土地 1800 畝。放眼望去，整片整片的石榴秧苗，給全村人帶來太多的期許和希望……

智慧果園

種石榴說起來一句話，可幹起來一堆事。武店村創新科技思維，建設智慧果園，發展高效生態產業。

「瞧！這科技大篷車裏啥知識都裝得有，可真是個百寶箱啊。」村民鄒山瑞在科技下鄉活動現場不由得發出感慨。該村承接「百千萬科普工程」項目，推廣先進實用技術進田間、進果園、進市場，科技讓石榴插上扶貧翅膀。

田間管理是個大學問，光是實用操作《科技手冊》就有 300 多頁。淅川縣農業局駐村幹部李俊是林果專家，在村裏派上了大用場，經常告訴群眾：種石榴可不比一般莊稼，必須信科學，用科學。村裏

配合龍頭企業，實施智能化管理。利用豫廣網絡平台，在軟籽石榴產業基地同步規劃建設視頻監控系統，對種植、施肥、管護、採摘等實施全過程監控，讓消費者一清二楚。利用農用飛機、無人機植保替代人工施肥，使用遙感監控技術實時監測果園溫度濕度，主動進行災情預報和信息提醒，打造新型農業種植的「千里眼」「順風耳」。

現在，「渠首軟籽石榴」這個牌子，在水果市場已具有一定知名度。村民鄒山玉形象地說，咱這石榴「喝」的是丹陽湖天然礦泉水，「吃」的是生物有機肥，「貼」的是質量可追溯的有機認證品牌，這些都是生態產業發展的「金字招牌」。目前，該村的軟籽石榴順利通過國家綠色認證，正在申請國家有機認證。

▲ 武店村種植的軟籽石榴

軟籽石榴今年就結果了，小的六七兩一個，大的有八九兩，有一個「果王」達到一斤二兩多！收成這麼好，如何銷售又成了新問題。龍頭公司有辦法，他們拓展推行平台化營銷，常態化舉辦電商技能培訓班，借助京東、淘寶、抖音等電商和融媒體平台，探索線上線下相結合的營銷新模式，把軟籽石榴等有機農產品推向全國。借助北京市朝陽區與淅川對口協作機遇，推進軟籽石榴等農副產品進首都。借助第三屆中國石榴博覽會在淅川舉辦的契機，開展特色農產品專場銷售，贏得廣大消費者的青睞。

百姓心聲

「這個軟籽石榴基地可真是好得很哩很啊！」黨員貧困戶沙聚忠感慨道。他今年 66 歲了，瘦瘦的樣子，還患過輕度腦梗。但他人窮志不短，對「志智」雙扶的脫貧要求積極響應，在自家大門貼的對聯上寫道：「綠水青山就是金山銀山，高唱脫貧歌圓夢奔小康。」

他家的 5.4 畝地，流轉給公司，每畝地租金每年 800 元，租金收入 4320 元。他不僅自己參與在軟籽石榴基地打工，還經常組織貧困戶和其他群眾參與服務基地工作。根據澆水、除草、扦插、覆膜等不同工作項目，每天每人能掙 60 至 80 塊錢，貧困戶另加 10 元錢。

由於沙聚忠幹活認真負責，有比較強的組織協調能力，仁和康源公司決定由他開始試行「返租倒包」的管理辦法。由沙聚忠承包 40 畝地，每畝管護費每年 600 元，年收入增加 2.4 萬元。另外，他用貧困戶到戶增收資金 5000 元投入 3 畝果園，入股龍頭企業，由其託管，進行統一管理，每年分紅 3000 元，還能以出租土地入股，按照一定比例享受軟籽石榴基地的入股分紅分股金。這樣算下來，光是軟籽石榴這

一項，就能增加收入 3 萬多元。

沙聚忠愛人喬玉良掩飾不住臉上的喜悅之情說：「這個石榴基地可是帶給我最大的好處！掙錢多少，我都不圖，就圖勤快勞動、整天開開心心！」她說，我患癌症做手術四年了，為啥到現在還能活蹦亂跳的，就是因為整天心情好，不僅在石榴基地除除草、澆澆水，還能去村部廣場上跳跳舞，可開心了！

喬玉良一打開話匣子，就收不住。她一口氣說道，這幾年，村裏新修了水泥路，鋪了下水道，進行電網改造，擴建文化廣場……這些發生在老百姓身邊的變化，大家都看在眼裏、記在心上。特別是省曲劇團送戲下鄉，到武店村演出，以往只能在電視上看地方戲曲欄目《梨園春》，沒想到能夠見到擂主「真人」了！滿滿的幸福感溢於言表。

帶貧模式

在發展軟籽石榴初期，不少村民都有這樣的擔憂：石榴收獲了，群眾能不能受益，貧困戶能不能增收，會不會一邊富了企業，一邊群眾照樣貧窮？

在縣鄉兩級黨委、政府支持下，經過村裏與龍頭企業協商，該村與河南仁和康源公司合作，堅持「政府主導、市場運作、三權分置、利益共享」模式發展軟籽石榴種植業。政府負責頂層設計，購買公共服務，落實基礎配套和產業扶持政策、金融扶貧資金等；龍頭企業負責承貸、擔保、使用和償還產業貸款，流轉農戶土地，規模化發展產業。土地是農民的命根子，通過所有權歸村集體、承包權歸農戶、經營權歸龍頭企業，讓農民從土地裏刨「金子」。

為幫助群眾實現脫貧致富，村裏和仁和康源公司最終這樣敲定，

在利益分成中讓農戶得個大頭兒。產業見效後，村委會、龍頭企業和農戶按1：4：5比例分享淨收益。其中，10%歸村委會，作為服務管理費，主要用於產業保險、宣傳、協調、服務等費用；40%歸龍頭企業；50%歸農戶，作為看護果園的勞務報酬。

在這種模式下，貧困戶投入產業發展門檻低，實現「一地生四金」，即土地流轉收租金、基地務工掙薪金、返租倒包得酬金、入股分紅分股金。具體說，土地流轉收租金，每畝地每年800元；基地務工掙薪金，人均月收入1800元至2500元；返租倒包得酬金，貧困戶與帶貧主體簽訂管護協議，每7畝果園為1個單元，每個單元管護費用每年3000元；入股分紅分股金，扣除企業服務費、地租（按每畝5000元提取）後，享受50%果園純收益分紅。

武店村貧困戶全部參與軟籽石榴產業發展，人均1.5畝果園，戶均年收益3000元左右，進入盛果期戶均年收益將突破1萬元。

嬗變

「我給自己的工作日記起了個名字，就叫《石榴花開》。」省委組織部下派的駐村第一書記劉峰說，武店村的今昔變化，很大程度上得益於推廣種植軟籽石榴，今年已開花結果。現在，全村的「短中長」三線扶貧產業多頭並進，如雨後春筍般蓬勃發展。

圍繞短線掙現錢。建成300千瓦光伏電站、溫室大棚（42個分棚），發展香菇6.8萬多袋、蔬菜120多畝，黃粉蟲扶貧車間年產乾品50噸，戶均年增收2000元以上。

圍繞中線謀致富。除了發展軟籽石榴種植業，還新建扶貧車間，引進澳門風味食品「鳳凰捲」餅乾加工項目，吸納貧困戶及村民就近

▲　省曲劇團紅色文藝輕騎兵到武店村慰問演出

就業，廣開致富門路。

　　圍繞長線造恆業。依託南水北調幹部學院、渠首北京小鎮及文化和民俗一條街、丹陽湖國家濕地公園，重點打造武店農莊，增加村集體經濟收入。村民鄒山喜滿懷期待地說，就等着這些項目快點建好，帶動全村發展農家樂呢！

　　喜看今日新武店，綠水青山正在變成金山銀山。河南理工大學下派的駐村第一團支書王偉超說，感到武店村有「四變」：一是荒山變綠了，昔日的荒山荒坡，披上美麗綠裝。二是農民變富了，隨着產業發展和就業門路拓寬，群眾的腰包鼓了起來。三是農村變美了，群眾住上新房子、種上發財樹，現在的村莊林果環繞、鳥語花香，成為「花的海洋、果的世界、鳥的天堂」。四是鄉風變淳了，許多群眾都喜歡到村部廣場跳跳舞、打打球、健健身，精神生活豐富，日子過得越來越紅火。

22 「評星」促脫貧

　　淥口區自古為湘東門戶，享有「湘東明珠」之美譽。2018 年 6 月 19 日，經國務院正式批覆撤株洲縣，設株洲市淥口區。現轄 8 個鎮、129 個村、10 個社區（居委會）。2015 年底，有建檔立卡貧困人口 3184 戶 9551 人、貧困村 12 個。脫貧攻堅開展以來，大多數貧困群眾走上脫貧奔小康之路，越幹越有勁頭。但也面臨着少數貧困群眾人窮志短、不思進取，內生動力不足等問題亟待解決。

　　扶貧貴在扶志，難在扶志。如何激發這些貧困戶的內生動力，實施扶貧扶志，打贏脫貧攻堅戰，形成長效脫貧機制？淥口區深入學習貫徹習近平新時代中國特色社會主義思想，以公序良俗為引導，探索創立「脫貧立志、星級創建」新機制，教育引導貧困戶「人窮志不短」，培養貧困戶同奔小康的精氣神，將扶貧與扶志、扶智相結合，精準滴灌，引導激發貧困戶樹立正確的榮辱觀和價值觀。

正導向，立標準，以正確價值觀引導「立志」

　　從 10 個方面對貧困戶的現實表現進行評價，每個方面設置明確

的評價標準，符合標準的得一顆星，不符合標準的不得星，根據得星總數對貧困戶綜合表現劃定等級。

堅持問題導向，設置評星內容。扶貧過程中，我們發現有的貧困戶好逸惡勞，甚至以「窮」為榮，貧困戶之間相互攀比慰問資金和物資；有的貧困戶不懂得感恩，發牢騷、有怨言，不配合鎮村和幫扶單位開展工作；有的貧困戶不守公序良俗，生活態度消極，甚至家庭環境衛生都搞不好。針對當前貧困戶存在的突出問題，結合社會主義核心價值觀和鄉風文明建設要求，設置 10 項評星內容，即愛黨愛國之星、誠信守法之星、團結友善之星、感恩懷德之星、清潔衛生之星、重教好學之星、勤儉持家之星、孝老愛親之星、勤勞上進之星和創業致富之星，為貧困戶立志指明方向、明確目標。

力求簡易操作，明晰評判標準。堅持好理解、好操作原則，對每顆星的評價標準進行定性定量。例如，「感恩懷德之星」要求貧困戶不發牢騷，積極配合工作，不無理取鬧，不纏訪鬧訪；「創業致富之星」要求家庭人均年收入需達到 10000 元以上。由易及難合理設計進步階梯，適當拉開差距、體現差異，讓評星結果呈現「兩頭少、中間多」的分佈特點，使少部分貧困戶成為先進典型，大部分貧困戶學習有標兵、進步有空間。評價過程中，根據得星總數對貧困戶表現情況劃定 4 個等級，僅獲得愛黨愛國之星、誠信守法之星的為基本合格，3—6 星為一般，7—8 星為較好，9—10 星為優秀。

培育鄉風文明，營造良好風尚。開展移風易俗行動，在全區範圍推行「村規民約」，弘揚中華傳統美德，營造良好的道德風尚，使貧困戶在良好環境中通過耳濡目染，主動戒除等、靠、要等不良思想，樹立向善向上的生活態度。通過「脫貧立志、星級創建」活動，既豐富了鄉風文明建設的載體，又開闢了一條鎮村管理新路徑。

▲ 新燕村「脫貧立志、星級創建」結果公示欄

嚴評議，曬成績，以監督的力量倒逼「立志」

建立多方參與、程序嚴謹、廣泛監督的評議機制，確保評定結果客觀真實、公信度強。公示評定結果，發揮社會力量的監督、鞭策和激勵作用，切實增強貧困戶榮辱觀，把星級評定的過程轉變為貧困戶立志自強的過程。

多方參與，確保客觀真實。按照全社會參與脫貧攻堅的工作思路，引入第三方力量參與評議，在貧困戶自主申請的基礎上，由村「兩委」通過聘請、組織鄉賢能人，德高望重的老黨員、老幹部、老教師，以及致富帶頭人等組成第三方「評議小組」，參與貧困戶「評星定級」。通過提高非貧困群眾的參與度，打破過去「幹部大包大攬」的格局，確保結果真實有效、客觀合理。

嚴格程序，做到公平公正。創建活動設定貧困戶自評、村組評議、幫扶幹部鑒定、區鎮審定等四步，每季度評定一次，年終進行總評。評星定級以村為單位，先由貧困戶自願申請並對照標準自評，原則上不申請，不評議，不獎補。村「兩委」組織評議小組並邀請駐村工作隊隊長和結對幫扶幹部召開評議會，對自評結果進行審定、修正，多方討論無異議後確定評議等次，報鎮扶貧辦複核。

公開結果，廣泛接受監督。嚴格執行公開公示制度，嚴禁弄虛作假、搞形式主義。每季度評選結果複核確認無誤後，在鎮、村公示專欄張榜公示，接受社會力量的廣泛監督。同時，區扶貧辦不定期組織專門隊伍對評星結果進行隨機抽查，其中 7 星及以上的貧困戶抽查複核率不低於 50%。通過對評星定級結果的公開公示，讓表現良好、主動脫貧的有面子、有幹勁，讓不思進取、好逸惡勞的有壓力、增動力，不斷激發貧困戶的脫貧致富主動性、積極性。

重獎懲，樹典型，以精神和物質激勵「立志」

將評星定級結果與「面子」「票子」掛鈎，通過榮譽激勵、專項獎補等方式，對貧困戶實施精細化管理、差異化扶持和規範化獎補，最大限度激發貧困群眾比學趕超、爭先向上同奔小康的動力。

與精神激勵結合。每季度區、鎮兩級分別對評為優秀、較好等次的貧困戶進行授牌表彰，通過「小獎狀」為貧困戶注入「大能量」，並擇優推薦參加上級的評先評優活動。對得「星」進步顯著、主動要求脫貧退出等典型事例，進行集中宣傳和推介，引導貧困群眾樹立自力更生、自主脫貧意識，營造爭相脫貧的良好氛圍。古嶽峰鎮白壁村 53 歲的李明光，小時候因患骨頭結核引起脊柱變形，五六年前又

患上肺氣腫。身有殘疾，又要照顧老母親，在活動開展前，一度消極懶散，抱着「沒有吃的，反正國家會給」的想法，成天無所事事。在 2018 年一季度「脫貧立志、星級創建」評比中，只評得 3 顆星。這激起李明光脫貧的鬥志，他奮起直追，勤勞苦幹，白天到村工廠打工，下班後回家養兔、養雞；除了搞好家裏衞生，還參與村裏公益事務……李明光的脫貧決心、勤勞態度、熱心公益得到廣泛認可，在第四季度評比中拿到 9 顆星，當年底各項收入達 3 萬多元，順利脫貧。

龍潭鎮花田村胡喜祥，曾經生活窮困，幾乎喪失信心。通過星級創建活動和幹部的精準幫扶，他立志脫貧，重振信心，依靠自己勤勞的雙手，發展黑豬養殖產業，走出一條脫貧致富之路，在全區起到典型示範作用，2018 年第三季度被評為「10 星」、優秀等級。

與物質獎補結合。科學制定獎勵標準，創建星級越多，獎勵標準越高，幫扶力度越大。對基本合格等次的已脫貧戶、未脫貧戶分別設置 100 元、200 元的獎勵基數，一般等次的每增加一星增加獎勵 50 元，較好等次的每增加一星增加獎勵 100 元，優秀等次的每增加一星增加獎勵 200 元。隨着活動深入推進，定級標準逐年提高，獎補標準也有新變動。專項獎補還與產業幫扶、就業幫扶結合起來，讓立志奮鬥的貧困戶得到更多激勵，讓等、靠、要的受到觸動改變。

與精準幫扶結合。通過星級評定，幫扶責任人可以全面掌握貧困戶的精神狀態、思想觀念、勞動能力等方面情況，針對貧困戶缺失的星級進行「靶向幫扶」，制定專項幫扶計劃和幫扶措施，做到一戶一策、精準施策，推動幫扶工作取得實效。星級評定實行動態管理，建立貧困戶星級創建管理檔案，幫扶責任人能及時掌握貧困戶表現「退步」或者波動較大的內容，並及時調整幫扶措施，完善幫扶計劃。進步運用創建成果，開展「自強戶」申報活動。對脫貧一年以上，並

▲ 龍門鎮花衝村貧困戶陳湘泉獲得七星榮譽

且四個季度獲得星數合計在 25 顆以上，還要獲得「勤勞上進之星」或「創業致富之星」1 次以上，收入穩定的對象，經戶主本人自願申報「自強戶」，區、鎮審批後，授予「自強戶」光榮稱號，實現逐戶銷號。2019 年一季度，全區評定「自強戶」212 戶。

「脫貧立志、星級創建」活動開展以來，在社會上產生良好的示範效應和正能量，取得顯著脫貧成效。截至 2018 年底，淥口區累計完成減貧 7792 人，貧困發生率降至 0.59％，12 個貧困村全部出列。這一做法被稱為扶貧攻堅「淥口經驗」，為全國扶貧扶志提供生動案例，被稱為扶貧扶志的新路子、實路子、好路子。

23 玫瑰花美了夾金山

　　一個人在順境中微笑那是種幸福，一個人在逆境中微笑那是種堅強，只有堅強才能創造奇跡。每每看到夾金山上那一片片玫瑰花，我總會情不自禁地微笑。「夾金」在藏語中有很高很陡的意思，夾金山是我們心中的聖山，也是中國革命的聖山，是紅軍長征翻越的第一座大雪山。通往它的道路，正如今天的脫貧路，曲折艱難。但只要我們心懷執念、不畏艱辛，終會翻越高峰，實現共同富裕的小康夢。

　　我的玫瑰人生路，要從童年說起。1985 年臘月二十五日，我們一家人盼望過節的歡喜突然被沉重的陰霾籠罩 —— 爸爸遭遇車禍去世！一家人頓感天要塌了！奶奶和媽媽擦乾眼淚，艱難地挑起這個家的重擔，面對現實，養育我們姐弟 5 個。那年我 11 歲，小弟弟 2 歲，深深體會到失去親人的痛苦，體味了生活貧困的酸楚與艱辛。

　　13 歲那年，奶奶得重病，弟弟妹妹要讀書，我被迫輟學。為貼補家用，我第一次離家跟着親戚進山採松茸。媽媽送我到村口，眼睛紅紅的，我強忍住淚水，頭也不回地走了。松茸生長在濃密的青松樹下，我個頭小，老被樹枝刺到，渾身都是帶血的傷口。別人問我痛不痛，我微笑着回答「沒事」。

147

　　整個松茸季節，我一共賣了 270 元。當我把這筆錢交給媽媽時，奶奶在身旁含淚微笑着、撫摸着我的頭說：「以後我們家好過了！孫兒能幹，可以掙錢回家啦！」媽媽也笑了。從那以後，我喜歡上微笑，不管人生是苦是甜，都用微笑面對。

　　20 歲那年，我嫁到夾金山下的冒水村。村子海拔 3200 多米，氣候寒冷，山高坡陡，人們只能種植土豆、豌豆、胡豆。為讓家裏過得好點，我借錢在鄉上開了一家麵館，三年後又開了一家酒店，並註冊一家野生資源公司，專門加工銷售野山菌、野菜等。我們家的日子越過越好。雖然自家的日子好了起來，但村裏大部分人還是過着緊巴巴的日子，讓我覺得不安和彆扭。我想，要是鄉親們一起富起來，大家其樂融融該多好。

　　2008 年，我光榮加入中國共產黨。2010 年，很多村民找到我，他們說我踏實能幹、會做事，想推選我當冒水村村長，帶領大家脫貧致富。看着鄉親們期盼和信任的眼神，想到自己作為黨員就應該有一份責任和擔當。

　　我當選村長時發誓，一定要帶領鄉親們擺脫貧困，讓他們過上幸福的好日子！

　　冒水村山上野豬多，經常糟蹋莊稼，這對貧困的村民來說更是雪上加霜，要想脫貧，真是困難重重。有一次，我在野豬糟蹋啃光的田地裏，驚奇地發現一株玫瑰依然挺立，原來野豬「怕」玫瑰啊。這種玫瑰小金縣隨處可見，很容易生長。當時我就想：既然野豬不吃玫瑰，如果玫瑰能變成錢的話，那我們能不能把種糧食改成種玫瑰呢？

　　第二天，我帶着疑問趕到縣城，請朋友上網查詢。他說：「玫瑰可提煉成精油，現在的玫瑰精油，在口服養生、化妝品等領域需求量極大，前景廣闊，簡直就是液體黃金。」我聽後激動地說：「不要說

跟黃金比，只要比土豆、豌豆、小麥強就行！」我決定到外地去考察。

可是，這件事遭到家人的強烈反對。老公說：「我們家日子過得這麼好，你幹嗎要去瞎折騰？地裏不種糧食，要去種玫瑰，只有瘋子才有這種想法。」我反駁道：「種玫瑰能讓村裏人富起來。我現在是村長，我們家雖然好過，但村裏其他人好過嗎？大家富才是真的富！」最終得到老公理解，我便踏上這條漫漫「玫瑰路」。

很多事，說起來容易做起來難，要想把玫瑰花變成錢，過程複雜又艱辛。甘肅苦水鎮的玫瑰基地很有名，我決定先去那裏學習考察。那是我第一次獨自出遠門，懷揣美好的希望，前路卻是迷茫。我從小金縣坐車到成都，然後坐飛機到甘肅，又被一個司機拉着，在黃土高坡上跑了很久很久，才到達苦水鎮。人生第一次看到那麼一大片美麗

▲ 夾金山下鄉親們正在摘玫瑰

的玫瑰花，我心裏異常激動：這都是一朵朵粉紅的「黃金」啊，一路艱辛頓時化為微笑。

後來，我又去山東、雲南、貴州等 7 個省進行考察，最辛苦時 7 天跑了 5 個省。有一次，我病倒在途中，心力交瘁，加上病痛的折磨，感覺自己再也爬不起來⋯⋯此時我迷糊混亂的大腦裏，浮現出冒水村父老鄉親們的身影，還有他們那殷切的目光。我的意識漸漸清醒，並對自己說：我的身體倒下只是暫時的，有冒水村的鄉親們在我身後，我的意志和勇氣是不會倒的。第二天，我又像一個天不怕地不怕的傻子，繼續前行！

2012 年，經過兩年多的實地考察，我把 8 個省的玫瑰品種引進到村裏，反覆試驗比較後，最終選擇適合高原生長的大馬士革玫瑰。

2013 年，我用積蓄買回大批大馬士革玫瑰花苗，免費發放給村民，滿懷信心地帶領大夥種植玫瑰。但事情並沒有想象中的那麼順利。玫瑰在三四月份種植，第二年五月開花，到八九月就可摘花收獲，見效很快。雖然鄉親們在種玫瑰，心裏卻懷疑玫瑰真能變成錢嗎？這種心理是很正常的，也是能夠理解的。一些人種植的積極性不高，管理不上心，那年玫瑰成活率很低。

2014 年，遇到玫瑰市場慘淡，我怕鄉親們吃虧，更不用心種玫瑰。當時的情形，我看在眼裏，急在心裏。為了激勵鄉親們的種植信心，我以高於市場 40% 的價格回收玫瑰。拿到錢，大家都很開心。但沒多久，他們又擔心起來：「我們現在跟着你種玫瑰，如果你以後不收購我們的玫瑰怎麼辦啊？」於是，我牽頭成立玫瑰種植合作社，挨家挨戶與他們簽訂購銷合同，而且以高於傳統農作物 3 倍的保底價。這下鄉親們吃上「定心丸」，放心種植，用心管理。

四川省內沒有玫瑰加工廠，我把採摘的玫瑰收集起來，跑兩天兩

夜到甘肅苦水鎮加工。加工廠的專家鑒定後認為：冒水村日照充足，晝夜溫差大，純綠色生態的玫瑰出油率極高、香氣醇正、市場前景廣闊。那一刻我哭了，抑制不住欣喜又激動的淚水，我看到了這個貧困村美好的未來！

2016 年，我被推選為村支書，肩上的擔子更重。既然種玫瑰是因地制宜、脫貧致富的好辦法，我就要把全部心思都用在帶領鄉親們種好玫瑰上。這一年，我們村玫瑰大豐收，採摘完玫瑰花後，我湊來 130 萬元現金擺在村委會桌子上，繼續以高於市場 40% 的價格付給鄉親們。我並不是有錢，也不是傻子，只是要讓鄉親們認識到種玫瑰的價值，更加用心種出高品質的玫瑰。

當鄉親們拿到錢後，個個喜笑顏開，都說「種玫瑰真好！」村裏有個 78 歲的婆婆，和殘障兒子相依為命，拿到玫瑰花款的時候一直拉着我的手哭着說：「玫瑰姐姐，您真是我們大家的福星啊！我要謝謝你！」自那以後，「玫瑰姐姐」的稱呼就在全縣傳開了。

我們村以前沒有一個萬元戶，現在家家都是萬元戶。政府救濟十多年的殘疾貧困戶喻福良從 2015 年開始種玫瑰，2016 年收入 3700 元，2018 年收入 57000 多元，2019 年收入已超過 7 萬元！

考慮把玫瑰運到省外提煉加工的成本過高，我們決定修建自己的提煉加工廠。我拿出所有積蓄、賣掉城裏的房子和全部商鋪，把朋友的房子借來抵押貸款，籌措 3000 多萬元，建起標準化生產廠房。工廠為更多的貧困戶和殘疾人提供適合崗位，僅僅是季節工就能提供 180 個崗位，成為當地名副其實的扶貧車間。

那時，村裏人和親戚朋友都說我是「玫瑰瘋子」，竟幹出這樣風險大的「傻事」。而帶領鄉親共同致富是我心中的一個執念，我不在乎人家怎麼看！

▲ 陳望慧欣喜地看着玫瑰的豐收

　　之後，我探索出讓鄉親們收益更穩定的模式：公司負責玫瑰加工及銷售；合作社負責培育、發放花苗，技術培訓和收購鮮花；老百姓只負責種植、管理、採摘鮮花。家裏老人、婦女、小孩和不能外出打工的殘疾人都可以參與勞動，他們通過自己勞動，得到了收獲，找到了自信，既脫了貧又長了志氣。

　　2017 年到 2019 年，全縣大力推廣玫瑰種植。鄰村、鄰鄉的群眾也一個個富了起來。如今，全縣玫瑰種植面積 12560 畝，覆蓋 12 鄉鎮 38 個村。其中貧困村 30 個，帶動貧困戶 1100 多戶，殘疾人家庭 400 多戶，年產值達 4410 萬元，成為國內最大的大馬士革玫瑰種植基地。

　　9 年來，走過這條玫瑰脫貧路，我深知它的荊棘危險，但更懂其芬芳甜蜜。有人問：「『玫瑰姐姐』，你最高興最自豪的是什麼？」我想了想說：「讓我感到最自豪的是，小金縣的玫瑰產業從無到有，再成為全縣支柱，成為世界高原玫瑰之鄉，我們找到了一條脫貧致富的新路子。」

24 織金風景飄來白果香

白果村位於貴州省織金縣板橋鎮北部，轄 14 個村民組，664 戶 2563 人，其中貧困戶 152 戶 594 人，屬二類貧困村。轄 1 個黨總支，2 個黨支部，5 個黨小組，現有黨員 37 人，全村現有種植業項目 5 個、養殖 2 個，成立農民專業合作社 3 個，村社一體合作社 1 個，小微企業 3 個。

近年來，白果村黨組織緊緊圍繞「113」脫貧攻堅戰，學習借鑒塘約經驗，探索出「黨建提質、組織提力、產業提效、群眾提氣」的基層黨建新路徑，黨建質量不斷提升、組織力量不斷凝聚、產業發展勢頭強勁、群眾致富信心倍增。

組織引領，凝聚脫貧攻堅戰鬥力

堅持以黨建為引領，加強村級組織建設。助推大扶貧、大安全、大發展，根據村情實際，制定年度目標任務，細化工作內容，讓每個黨員有目標、有任務、有責任。實施「五步工作法」規範村務運作，使村「兩委」工作公開、公平、公正，取得群眾支持和理解。堅持以

黨支部為核心，發揮「八個方面作用」，調動黨員積極性主動性創造性，形成齊心合力、共同奮進的良好局面，各項事業發展迅速，工作成效明顯，群眾比較滿意。

優化基層組織設置。2019 年，白果村黨支部進行重新設置，把村黨支部升格為黨總支，下設 2 個黨支部，5 個黨小組，形成支部連小組，小組聯黨員的網格模式。

選優配強「兩委」班子。為進一步建強「兩委」班子，從鎮選派一名工作能力強、群眾基礎好、文化程度高的機關後備幹部到白果村擔任支書。同時，在原有村幹部的基礎上增加 3 人開展工作。

強化學習健肌體。將「兩學一做」「主題黨日」等活動融入「三會一課」，通過上黨課、溫黨史、學黨策，常態化開展黨性教育。根據「堅持標準、保證質量、嚴格程序、慎重發展」方針，嚴把發展黨員組織關。堅持開展民主評議黨員，通過開展批評和自我批評、自查自糾、支部考評、黨員自評、群眾測評等工作，使黨員的黨性觀念、表率作用得到進一步提升。

講習並重激活力。成立新時代農民講習所，把脫貧攻堅講習所作為助推脫貧攻堅的有效載體和有力推手，實行「空中講習」「集中講習」「現場講習」「雲上講習」等形式，提升黨員幹部、村內群眾的發展意識和水平。目前，已開展集中講習 40 場次，分散講習 137 場次，受講群眾達 23000 餘人次，推進全村脫貧攻堅及產業結構調整工作邁上新台階，各項工作取得階段性成果。

規範村級活動陣地。投資 41.39 萬元，結合財政「一事一議」資金及農民體育設施改造白果小學為村級活動陣地。根據村部門配備，完善黨員活動室、新時代農民講習所、服務便民大廳、村社一體辦公室及脫貧攻堅辦公室，活動場地達到 1000 平方米以上，切實規範村級

陣地建設。

發揮駐村幹部能力。縣下派第一書記及鎮選派的駐村幹部積極發揮「一宣六幫」工作職責，認真履職，積極參與全村項目落實、產業發展和脫貧攻堅工作。近年來，各級駐村幫扶幹部共協調項目資金18萬元，資助村辦公經費2萬元，為群眾辦實事360餘件。

樹新風促民風。通過召開村民大會，制定並通過「紅十三條」村規民約，以社會主義核心價值觀為引領，以農村環境整治為核心，積極開展文明村寨、文明家庭、文明個人、勞動能手等評比活動。通過組織召開一次動員大會、制定一個比賽規則、開展一次現場觀摩、進行一次評比活動，讓落後的人紅紅臉，讓優秀的人長衝勁，在全村樹立榜樣、樹立典範，營造一個想幹、實幹、大幹的良好氛圍，形成全村個個講團結、家家愛和諧、寨寨講發展的美好景象。

重監督促發展。通過 LED 平台曝光、村務政務公開和開展工作

▲ 白甲村蔬菜大棚遠景

競評等形式，使發展過程和發展結果接受黨員群眾、民生監督員、監事會、紀檢等部門和群眾全方位的監督，讓全村所有工作得以在陽光下運行。

產業引領，激發脫貧攻堅內動力

堅持把促產業發展、促村民增收，作為支部工作的重中之重。在鎮黨委、政府指導下，立足實際、着眼長遠、審時度勢，利用優勢資源，借助廣東省廣州市花都區「東西協作」對口幫扶，走「綠色農業、生態農業」的新農村發展之路。

招商引資借外力。積極開展招商引資活動，引進「皂角＋銀杏」

▲ 村民正在茶葉育苗

項目，擬投資 1000 萬元，建設一個 1000 畝的集鄉村旅遊、科普示範、園林綠化和休閑度假於一體的田園綜合體。

對口幫扶添活力。2016 年，得到廣州市花都區 500 萬元對口援建資金。其中，210 萬元投入產業發展，建成 300 畝油用牡丹種植基地、192 畝竹蓀種植基地和 125 頭的生豬集中養殖基地，覆蓋貧困戶 54 戶，每年實現村集體分紅 4.6 萬元，貧困戶分紅 3.8 萬元。截至目前，實現全村集體經濟資金積累 800 餘萬元。

自謀產業助動力。結合恆大援建幫扶建設蔬菜大棚之機，引進龍頭企業實施茶葉育苗 6600 萬株，實現了群眾務工增收 200 餘萬元，貧困戶分紅 5.4 萬元，形成農業強、農村美、農民富的美好局面。

改革引領，提升脫貧攻堅競爭力

村黨支部集思廣益，結合村情，根據村自然資源及外援幫扶資金資源，實施具有個性特色的鄉村模式改革。

探索利益分配鏈接機制。學習借鑒塘約經驗，結合白果實際，把白果村作為全市塘約示範點進行打造。探索推出「1234」扶貧發展模式：實現全面小康、共同富裕「一個目標」，享受保底分紅、利潤分紅「兩次分紅」，實行資金、資源、資產「三種方式入股」，進行村、片、組、隊「四級管理」，接受黨支部、社員或股民、群眾代表、監事會「四方監督」，享受入股分紅權、管理經營權、監督權和務工權「四項權利」。

發動群眾積極參與。採取「龍頭企業＋合作社＋生產隊＋農戶」的運作模式，按照「村社一體、合股聯營」的發展方式，成立白果村委合作社，吸收 400 餘戶農戶近 2000 畝土地入股合作社種植茶葉，解

決貧困人口就業崗位近 100 餘個，2018 年實現建檔立卡貧困戶務工增收 18 萬元以上。

實施鄉村旅遊扶貧。借助村白果樹先天自然資源優勢，圍繞建設宜居、宜業、宜遊的美麗鄉村，完善基礎設施，整村推進實在農家·美麗鄉村建設，做實做強鄉村旅遊項目。目前投入 290 萬元基礎設施項目，其中投資 80 萬元建設 1 公里的銀杏大道，70 萬元建設白果廣場，20 萬元建設 1400 平方米的生態停車場，30 萬元建設 1000 平方米的白果大塘，30 萬元建設 3 個觀光亭，15 萬元建設 300 米的觀光步道，25 萬元購買垃圾清運設施設備，20 萬修復小紅岩剿匪遺址。同時，各級投入資金 500 餘萬元對全村房屋、兩硬化等進行改造。

▲ 白果村發展密本南瓜種植

服務引領，加快全面小康步伐

堅持全心全意為人民服務，着力辦理好黨員群眾最關心、最迫切、最需要的民生實事。團結帶領廣大村民加快社會主義新農村建設步伐，因地制宜實施水、路、電、網等基礎設施建設工程，按照新農村建設要求，全力實施「農村環境整治三年行動」，完善垃圾無害化處理設施，村莊綠化面積逐步擴大，生產生活居住條件進一步改善。

開展書記面對面活動。讓鎮黨委書記、聯繫村的鎮黨委副書記、村支部書記、村支部副書記、駐村第一書記深入村寨、深入群眾，面對面了解問題，面對面解決問題，用幹部的辛苦指數換來群眾的幸福指數。

公開民生實事。擬出每年全村計劃實施的民生實事，在村委會長期公開，進行銷賬式管理，接受全村群眾的監督。2017 年以來，每年年初支部認真梳理村級十件民生實事，通過黨員大會研究討論通過，實行銷賬式服務、倒逼式完成。實現「兩硬化」全覆蓋，完成危改 35 戶，調解矛盾糾紛 41 件，開展特殊群體關愛 30 餘次，解決農戶安全飲水 184 戶 644 人，治理水污染 4 處，高效完成每年的十件民生實事，為群眾辦理好事實事 40 餘件。

4 年來，全村減貧 580 人，貧困發生率從當年的 18.03% 下降到0.54%，農民人均收入從 4120 元增加到 9135 元，村集體經濟積累從零開始增至 102 萬元。

25 「娘子軍」矢志打贏脫貧攻堅戰

　　脫貧攻堅戰是一場沒有硝煙的戰役，每一名扶貧幹部都身披隱形戰衣，日夜堅守在自己的戰場上，用堅不可摧的革命意志築牢脫貧攻堅的戰鬥堡壘。赤峰市阿魯科爾沁旗賽罕塔拉蘇木查干花嘎查，也有這樣一支駐村扶貧工作隊。2018 年，查干花嘎查代表全旗迎接赤峰市的脫貧成效考核，取得優異成績。

　　俗話說：「火車跑得快，全靠車頭帶。」這支扶貧工作隊的帶頭人很特殊，不僅第一書記是位女同志，而且派駐的兩名工作隊員也是女同志。正是這樣一支以女同志為主力的駐村工作隊，以巾幗不讓鬚眉的戰鬥精神和捨小家為大家的工作情懷，矢志打贏脫貧攻堅戰，讓查干花嘎查的牧民群眾紛紛為她們豎起大拇指。

齊心協力，擰緊老中青扶貧的繩子

　　清晨，第一抹陽光灑在草原上，查干花嘎查駐村工作隊的駐地開始熱鬧起來，整理扶貧戶檔案，填寫扶貧明白卡，一屋子人忙得熱火朝天。自 2018 年 5 月工作隊駐村以來，全村貧困發生率由 2017 年的

8.85％下降到 2019 年 11 月的 0.957％。

群眾眼中堅強、能幹的第一書記高鵬霜，在家中是一位溫柔、慈愛的母親。孩子上大學的第一年，她接到組織交給的扶貧任務，便長駐嘎查。高鵬霜一心撲在扶貧工作上，與家人聚少離多。怪不得孩子跟她開玩笑說：「媽媽，這兩年我們見面的次數，還不如給我送外賣的阿姨多呢。」

工作隊中作為「老」字輩的代表，當數退而不休仍堅守扶貧一線的老大姐 —— 旗總工會原女工部部長其木格。2017 年 4 月，其木格來到賽罕塔拉蘇木陶海嘎查駐村扶貧，被村民稱為「雞蛋大姐」。原來，陶海嘎查貧困戶家中大都散養着小笨雞，土雞蛋除了自家食用外，還有一些剩餘。於是，其木格就幫助貧困戶通過微信群向同事、朋友售賣土雞蛋，從嘎查回家時把雞蛋給他們逐戶送去。一年多來，累計為貧困戶賣出雞蛋 2000 餘斤、各類奶食品 500 餘塊。2018 年，其木格榮獲「阿魯科爾沁旗最美扶貧工作隊員」稱號。

2019 年 5 月，其木格可以辦理退休手續，但她經過深思熟慮，主動向幫扶單位提出申請，繼續駐村扶貧，兌現她立下過的「軍令狀」：群眾不脫貧，我就不退休。

如今，其木格在查干花嘎查身兼數職，不僅是工作隊的一員「大將」，而且是工作隊和蒙古族村民交流的「翻譯官」。她還在院子裏種起蔬菜，平日裏工作隊 3 人的餐飲起居都由她來照顧。「老大姐就是我們的主心骨，扶貧路上少不了她」，高鵬霜說。

如果問查干花嘎查女子脫貧攻堅工作隊裏最活躍的人，肯定屬「90 後」駐村隊員閆美娜。她用青年人的智慧和汗水，為扶貧事業注入新鮮空氣和青春活力。

閆美娜是工作隊「青」字輩代表，她與男朋友在扶貧工作中相

識。由於扶貧工作任務重、時間緊,兩人經常一兩個星期才能見上一次面。兩人因工作中的優秀表現相互吸引,既互相鼓勵又暗中較勁兒,誰也不想被誰落在後面。對工作認真負責的態度,使他們的婚期一再向後推遲,可他們從未有過抱怨,反而更加堅定扎根基層、扎實扶貧的信念和信心。

2019 年國慶,閆美娜和男友終於喜結良緣,成為扶貧路上的「比翼鳥」。他們僅僅休了 4 天婚假,便匆匆回到工作崗位,繼續奮鬥在扶貧一線。在高鵬霜的手機裏,保存着關於扶貧工作的點點滴滴,閆美娜的「形象」似乎不那麼「入眼」,扒煤堆、撿牛糞,高挑漂亮的閆美娜總是挑些又髒又累的活。「一入扶貧深似海,從此美麗是路人」,閆美娜曾這樣調侃自己,但在其他人眼裏,她是最美的扶貧工作者。

真蹲實駐,帶領牧民群眾脫貧奔小康

2018 年 5 月 26 日,內蒙古自治區人大常委會副主任、總工會吳主席到阿魯科爾沁旗調研脫貧攻堅工作時,決定分兩年向該旗總工會扶貧聯繫點投入 600 萬元,打造具有地域特色的基礎設施建設項目。

為用好這 600 萬元幫扶資金,駐村工作隊成立查干花嘎查養殖專業合作社、建立工會組織,採取「支部 + 合作社 + 貧困戶 + 一般戶」發展模式,由嘎查黨支部書記任合作社理事長,全嘎查 170 戶的戶代表加入合作社組織、成為工會會員,建設查干花嘎查肉牛扶貧養殖基地。當年 12 月,建成 4000 平方米的永久性棚圈,80 頭肉牛分兩批次在嘎查肉牛養殖扶貧產業基地安家,為查干花嘎查脫貧攻堅夯實了基礎,增強了貧困牧民脫貧的內生動力。

　　2019 年 4 月 25 日，查干花嘎查的牧民群眾齊聚賽罕塔拉蘇木查干花肉牛養殖合作社，共同見證合作社首次分紅大會的召開。170 戶 420 人分紅資金 16 萬元，牧民們喜笑顏開。

　　笑聲就是信心，就是力量。查干花嘎查肉牛扶貧養殖基地正在繼續擴大養殖規模，延長產業鏈條，整體提升地區肉牛養殖標準化水平，真正實現扶貧產業強村富民，助推貧困群眾脫貧致富奔小康。

　　駐村工作隊積極協調相關單位籌措資金 2.7 萬元，建立「愛心超市」。協調幫扶單位出資 5100 元，在全嘎查範圍內組織「美麗庭院」評比表彰活動，開展嘎查街巷衛生集中整治活動，與嘎查所有常住戶簽訂「門前三包」協議。通過「愛心超市」積分獎勵和表彰活動，弘揚正能量，激發出嘎查全體群眾的潛能，為建設鄉風和諧、鄰里團結、積極向上、富裕文明的查干花嘎查奠定了基礎。

▲ 貧困戶新畢正在整理玉米

駐村工作隊積極爭取北京市總工會困難職工幫扶資金 100 萬元、北京市教育工會教育扶貧資金 10 萬元、昌平區總工會困難職工幫扶資金 10 萬元，得到上海市浦東新區懷元兒童之家救助的 5000 元過冬衣物和自治區總工會女工部捐助價值 5000 元的學生書籍，專項救助賽罕塔拉蘇木小學困難學生。聯繫自治區教科文衛體工會到查干花嘎查開展「送醫送藥」義診和送文化下鄉等活動。這些活動的開展，充分調動了牧民群眾向上向善、勵志脫貧、建成小康的積極性、主動性、創造性，推動牧民群眾互助友愛，奉獻愛心，共同建設和諧美麗的查干花嘎查。

傾注真情，點燃貧困群眾的脫貧希望

駐村，不僅要完成上級交辦的各項任務，而且要懂民情、解民憂、得民心。

蘇和巴特爾是嘎查的建檔立卡貧困戶，2018 年 8 月，他的孩子以優異成績考上大學。為解決孩子上學費用問題，工作隊多方籌措幫扶資金。在孩子開學前夕，工作隊送去 6350 元助學資金和 500 元生活救助資金，解了燃眉之急。

嘎查有一名叫蓮花的建檔立卡貧困戶，她是單親家庭，住的是危房，由於評定危房時間短，補助款尚未到位。房屋暫不能住人，一旦遇到大風大雨會有倒塌的危險。得知情況後，高鵬霜和其木格共同出資 4000 元，先為她墊付改造資金，並聯繫人員進行房屋改造施工。

一個月後，蓮花住進新居，庭院乾淨整潔，一隻小貓趴在陽台小憩。蓮花見高書記和其木格來到家中，眉開眼笑，「蓮花」早已綻放。

▲ 脫貧戶哈斯額爾敦夫婦在檢查為無勞動能力貧困戶代養的牛犢長勢

　　疾病與困難，有時可以侵蝕掉一個家庭的信心。這支敢打並善打硬仗的「娘子軍」，總是一次又一次為困難家庭送去溫暖和希望。

　　2019 年 1 月，高鵬霜在日常走訪中發現嘎查牧民阿拉坦倉雙腳有嚴重凍傷。高鵬霜第一時間聯繫村醫到他家中做基礎診斷，得知傷情較為嚴重後，一方面交代村醫為其進行醫治控制病情，另一方面多方籌措資金，聯繫幫扶單位申請幫扶資金 5000 元、申請蘇木民政救助資金 5000 元，協調其親友出資 4000 元作為阿拉坦倉後續治療的費用。阿拉坦倉病情惡化後，她又從蘇木的愛心資金中申請救助資金 1 萬元，並組織嘎查黨員、入黨積極分子和村民代表在查干花嘎查村部開展捐款活動。

　　「娘子軍」竭盡所能幫助嘎查群眾的所作所為，被群眾看在眼裏、記在心間。2019 年 7 月 1 日，嘎查牧民寶迪其其格自發為工作隊送上一面錦旗，表達嘎查牧民對駐村工作隊深深的感謝和敬意。

　　真扶貧、扶真貧，真脫貧、不返貧，「娘子軍」傾真情「扶志」、用真心「扶智」，不斷激發貧困戶自主脫貧的內生動力，真心實意幫助貧困戶想辦法、找門路，點燃起貧困群眾脫貧的希望。

26 一支寒（韓）梅向陽開

　　從一個殘疾人到成功企業家，從一名普通家庭婦女到走南闖北與外商談判，從一家作坊式的小廠到規模不斷擴大、業務不斷增多的工藝品生產企業，韓玉梅走過了與常人不一樣的人生之路。她說：我身雖殘疾，但我要用勤勞的雙手創造生活的美。如今，她創辦的公司，已擁有員工 51 人、殘疾人員工 13 人，擁有固定資產 500 萬元，每年產值達到 2000 萬元，帶動了數百個家庭的就業。

厄運壓不碎人生夢想

　　在常人眼裏，童年是最快樂的人生時光。而對於韓玉梅來說，這是可望而不可即的。她 8 個月的時候，由於身患小兒麻痺症，造成右腿殘疾。她的童年、少年時期，一直靠枴杖支撐才能行走。

　　命運的不公曾讓小玉梅一度心灰意冷，漫漫人生難道就這樣度過？天生要強的她把精力放在學習上，如飢似渴地從書本中汲取力量。慢慢地，伴隨着韓玉梅的成長，未來的人生之路漸漸清晰。經過精心療養，17 歲那年，韓玉梅丟掉了枴杖。自己走路的感覺讓她進

步堅定一個信念：腳下的路要自己走，人生路也要靠自己走。

在輾轉幾個工作崗位後，韓玉梅決定自己創業。在經過多方考察後，2008 年韓玉梅在城關鎮租下 5 畝地創辦蜥蜴養殖基地。韓玉梅視蜥蜴如生命，用心呵護，精心照看，嚴格按照學到的養殖知識進行飼養。吃在場裏，睡在場裏，工作在場裏，家倒成了偶爾的棲息地。寒來暑往，一個小小的養殖場，在她的侍弄下做得有聲有色。

為把養殖場做強做優做大，2012 年韓玉梅從安徽農業大學請來專家進行指導，並建立起實驗基地，小場子很快贏來可觀的經濟效益。然而，有一個問題困擾着韓玉梅。由於蜥蜴有近 5 個月的冬眠期，在這期間，工人大都沒有事情可幹，場子也基本上處於閑置狀態。閑不住的韓玉梅不甘心，她開始謀求新的發展路徑。一個偶然的機會，韓玉梅接觸到葫蘆工藝品。她發現葫蘆工藝生產並不是很複雜，勞動強度也不大，很適合殘疾人來做。抱着試試看的心態，韓玉梅和幾個殘疾朋友做了一些葫蘆工藝品，通過阜陽市殘聯的同志拿到國外市場，沒想到竟大受歡迎。韓玉梅心裏有了譜，她想把葫蘆工藝做強做優做大，造福更多的殘疾人朋友。

商機迎來事業新起點

葫蘆工藝品，就是用烙鐵在曬乾的亞腰葫蘆上作畫。這不僅要有較高的藝術欣賞能力，而且要有熟練的技巧，工藝要求很高。為了不斷提高工藝水平，韓玉梅先後到山東、河南、山西拜師學藝，選取原料。為更好地指導工人提高技術，韓玉梅高薪從山西聘請工藝師作為指導老師，全面培訓。2012 年，韓玉梅註冊姜尚工藝品有限公司，並註冊「姜尚」商標，填補臨泉縣旅遊工藝品商標品牌的空白。

▲ 韓玉梅製作的葫蘆烙畫

　　2013 年，在第三屆安徽民間雜技藝術節上，韓玉梅的展台吸引了眾人關注。工藝師現場用烙鐵作畫，一會兒工夫，原本再平常不過的葫蘆，變成了色彩斑斕、生動有趣、人物栩栩如生、景色異常迷人的工藝品。人們爭先恐後搶購一空，韓玉梅的葫蘆工藝品在社會上的影響越來越大。

　　葫蘆工藝品的主要消費市場在國外，重點是歐美、非洲、東南亞等地區。為做好對外貿易，韓玉梅拖着殘疾之軀，跑海關、奔港口、赴展會。外貿工作對她來說還是個新鮮事物，韓玉梅需要盡快熟悉並掌握。她親自與來自東南亞、非洲、美洲、歐洲的客戶商談，詳細了解客商對產品的需求，仔細打探外國人的欣賞習慣，認真把握每一個稍縱即逝的商機。

　　從開始的忐忑不安，到漸漸應對自如，她對自己充滿信心，對個人的產品信心滿滿。2013 年公司對外貿易額 100 多萬美元，2014 年達到 300 萬美元。隨後，對外貿易額連年上升，成為全縣乃至全市的外貿大戶。

　　做對外貿易要經常參加各類國際性商貿活動，飛機、火車成了韓玉梅主要的出行方式。行動不便的她帶着樣品，克服了常人難以想象的困難。當她帶着自信的笑容與客商談判時，客商無不為她對工藝品市場的準確把握而感到意外。真誠讓她與多個國家的客商建立起穩固的信賴關係。在認真研究西方人的生活習慣、民俗信仰、節慶習俗後，韓玉梅決定上馬新的產品。2014 年公司開始加工原色木製燭台，在廣交會、深圳文博會上深受外商青睞。

善良成就美麗人生

　　在韓玉梅的公司裏，大多數工人都是當地的殘疾人。韓玉梅說，她自己身有殘疾，知道殘疾人的不易，為他們找到一個謀生之路，自己心裏也坦然安寧多了。

　　視工人如親人，是韓玉梅與工人關係的真實寫照。因為她深知，每一件工藝品都飽含工人的辛勤勞動，只有更好地尊重他們，為他們解決後顧之憂，才能讓工人安心工作，也才能讓殘疾人直起腰板自信地活着。韓玉梅主動為工人買了各種保險，逢年過節都組織工人一起開展慶祝活動，為每位工人精心挑選生日禮物。一些工人說，這不是工廠，而是家庭，大家像家人一樣相處，這樣的日子過得很舒坦。善待員工是韓玉梅的一貫作風。2014 年她高薪聘請的一名大學生，拿着公司的業務單自己悄悄單幹。韓玉梅發現後，沒有直接說破，而是從

人生道路說起，暗示他立即收手。後來，這個年輕人主動辭職，韓玉梅沒有難為他，給他全額結清工資。

韓玉梅的善良贏得工人的尊重，也贏得外商的信任。2017 年以來，尼日利亞、愛爾蘭、印度尼西亞等國家的訂單紛紛越洋而來。正在這時，臨廬產業園向她伸出橄欖枝，邀請她的企業進駐園區，為企業發展提供儘可能的便利。韓玉梅為之一振，這正是企業壯大的好機會。引入西方題材，提升工人技能，豐富產品種類，擴大企業規模，一幅企業全新前景浮現在她的腦海中。

2013 年 10 月，韓玉梅應邀參展九華山明珠廣場的展銷，產品深受消費者喜愛。儘管內銷遠比外銷價格低一大截兒，但她還是願意做這單生意。隨後，韓玉梅每年都帶着自己的產品參加廣交會。她說，

▲ 韓玉梅在亞腰葫蘆上作畫

葫蘆工藝品寓意吉祥，老百姓喜歡我的產品比我賺多少錢都好。在每年舉辦的臨泉文化特產展銷會上，韓玉梅總會免費把產品贈送給老人和兒童。別的商戶替她感到惋惜，她卻說：產品似人品，我不僅做到產品優質，人品也要配得上社會的稱讚。她是這樣說的，更是這樣做的。正是韓玉梅的這種大愛，贏來社會的廣泛讚譽，她先後被評為「最美臨泉人」「阜陽好人」。眼下韓玉梅的企業一步步發展壯大，朝着集旅遊觀光、旅遊工藝品生產、葫蘆烙畫展覽為一體的方向發展。

　　作為一位殘疾人，韓玉梅是成功的，她用實際行動證明自身的價值；作為一名企業家，韓玉梅是自信的，她的事業前景蒸蒸日上；作為一位社會人，韓玉梅是出眾的，她承擔着應該承擔的社會責任。她說，工藝品雖然只是眾多產品中的一個，但她願意以此來為公眾提供產品服務，用雙手為社會創造更多的美麗，願意用自己的行動為社會做出更多的貢獻。

27 愛心築就「脫貧經」

張雷威始終把貧困村當作自己的家，時刻牽掛貧困戶，分別在神木、吳堡、米脂等 6 個縣區 19 個鄉鎮，為 56 個村 12000 多名村民開展扶貧工作，用實際行動詮釋了一名共產黨人作為黨和國家政策的堅定執行者和堅守者。他用愛心築就「脫貧經」，贏得社會各界好評，個人先後獲得「全國扶貧攻堅獎」「全國社會扶貧先進個人」「陝西省勞動模範」「陝西省優秀第一書記」等榮譽。

「只要身體允許、鄉親們有需要，我會一直幹下去」

2017 年 4 月 6 日上午，米脂縣政府突然有幾名村民代表前來「請願」：手持 70 多戶村民聯名信，摁紅手印請求政府讓張雷威留下來，繼續幫助大家脫貧。

按照當地政府對駐村幹部的任職標準，退休兩年的張雷威已不符合相關要求，擬退出扶貧工作。李站村村民聽到這一消息後十分不安，包括入股合作社的 40 戶貧困戶在內的所有人都覺得張雷威就是自己村裏人，更是「自家人」。

▲ 扶貧幹部張雷威在米脂縣李站村走訪途中

平時鄰里糾紛、家庭矛盾找他，村上謀劃產業項目找他……張雷威帶領群眾成立的養牛合作社已建成，並引進 88 頭牛犢。作為村民心中「自家人」，張雷威更不能在這個節骨眼離開。為了讓張雷威留下來，繼續領着大家脫貧致富，70 多戶村民自發向當地政府「請願」，並在聯名信上摁了紅手印。

米脂縣政府高度重視，縣領導親自接待和答覆各位村民意見建議。在徵求張雷威本人的意見時，他毫不猶豫地說：「我熱愛農村，我喜歡和農民在一起，我更想帶領鄉親們脫貧致富，只要身體允許、鄉親們有需要，我會一直幹下去。」

「一村一品、一戶一策，精準扶貧催生好光景」

張雷威提出的「一村一品、一戶一策，精準扶貧催生好光景」扶貧理念，在扶貧一線發揮着重要作用。

在米脂，張雷威逐村逐戶上門調研走訪，召開村民大會，制定精準脫貧規劃和年度實施目標。他堅持手把手搞好「傳幫帶」，領着壓茬輪換的新隊員一起進村，學習「三農」知識，融入農村生活。

沙家店鎮高家圪嶗是養雞專業村，活雞雞蛋交易，白天天熱不好操作，容易死雞；晚上交易，光線不好，容易出現數量和質量矛盾。張雷威看在眼中，急在心裏，帶領群眾建起 40 盞 6 米高的太陽能路燈，成為榆林市第一個光伏點亮工程。這不僅實現了養雞增收，而且發展了美麗鄉村旅遊項目。

在橋河岔鄉七里廟村，張雷威自費帶領 5 名村民去山西省文水縣、廣靈縣和內蒙古自治區呼和浩特市考察香菇種植，新建起 2 個香菇大棚，既增加了村民收入渠道，又豐富了米脂人菜籃子。近幾年來，張雷威光自費考察，就花去幾萬元。

「根據不同年齡段，分類開展適度養殖；長＋短精準扶貧」

2014 年在米脂縣李站村扶貧時，張雷威調研後提出脫貧新方法：「根據不同年齡段，分類開展適度養殖、長＋短精準扶貧。」

第一類，50 至 60 歲，身體健康，會農村傳統的種植業、養殖業，採用舍飼養羊、適度養殖。第二類 60 至 70 歲，有一定勞動能力，但不能勝任強重體力勞動，由村民自購一頭秦川母牛，扶貧資金再購買一頭母牛。第三類病殘勞動能力不足的，選出群眾威信高、富有擔當的精明人、能人帶動，共同致富。張雷威根據分類，給貧困戶提供種羊和種牛，修建標準化的圈棚，配套鍘草機，實現了村民當年

投資、次年脫貧、三年致富。

「長＋短」，短線養牛養羊，見效快；長線建立脫貧致富「產業鏈」，用牛糞和羊糞改良土壤，種植山地有機蘋果。養殖業的短，結合種植業的長，互補發展。李站村由 12 頭牛發展到 56 頭牛，26 隻羊發展到近 300 隻羊，幫扶辦起村畜牧獸醫治療室，牲畜看病防疫不出村。

2017 年 9 月 8 日，張雷威帶領群眾成立米脂縣和富順養殖專業合作社，兩個村集體加入，成為真正意義上的鄉村振興戰略村級經濟實體。經過 2018 年的不斷努力，目前該合作社投入建設資金 60 多萬元，整合村民土地 6.2 畝，社員 67 戶，其中貧困戶 42 戶，佔總成員的 63%；非貧困戶 25 戶，佔總成員 37%；70 歲以上的老年人 14 戶，佔比 20.9%；殘疾人 14 戶，佔比 20.9%。現已採購關中秦川牛等四個品種 86 頭，遠期計劃養殖 120 頭以上肉牛，達到中型養殖場規模。2019 年 3 月，該合作社為 42 戶貧困戶頒發股權證，貧困戶成為股東，10 月進行了第一次分紅。

為應對可能出現的牛價格周期波動，張雷威提出打造富硒農業產業村的想法，專門走訪晉陝蒙富硒產品旗艦店，考察山西晉中、陝南安康紫陽等富硒地區，不斷向中科大富硒農業方面的專家學習。這種富硒農業模式，從富硒種植入手，形成富硒穀類、富硒飼草、富硒山地蘋果等富硒產品；通過養殖，形成富硒牛肉和羊肉，增加農產品附加值，實現農民增收、企業增效、人民增壽的長久產業鏈。

「盡快實現當年見效、次年脫貧、三年致富的目標」

張雷威被群眾稱為「點子王」。他提出的適度舍飼養殖理念，能

▲ 扶貧幹部張雷威在米脂縣李站村走訪群眾

夠「盡快實現當年見效、次年脫貧、三年致富的目標」，已經在榆林南部山區實踐並取得明顯成效，案例得到了楊淩農科院黃土高原治理專家魯向平教授的肯定和認可。

2018 年 7 月，在江蘇省高郵市和國網陝西省電力公司的大力支持下，張雷威牽頭成立陝西第一個「金點子」勞模扶貧幫困服務隊，免費為農村脫貧攻堅出主意、想辦法、解疑釋惑。現已為佳縣尚高寨徐家西畔村、清澗縣雙廟鄉下張家山村、米脂縣桃鎮鄉前王坪村做過產業指導，制定了「合作社所有，分戶代養，利益共享」為原則的養殖專業經濟組織合作社、粉條加工合作社等，深受駐村工作隊和貧困村民歡迎。

　　陝西省高度重視張雷威的扶貧工作經驗，多次在省市工作會議上，請他作扶貧工作經驗介紹，在全省扶貧幹部培訓班和掛職副縣長培訓班上講經傳道，在全省第一書記培訓班授課。張雷威擔任榆林市總工會精準扶貧總顧問，榆林市政協各界聯誼會農業組副組長，為榆林市脫貧攻堅工作獻計獻策。

　　2016年1月，國務院扶貧辦領導在米脂調研精準扶貧工作時，聽了張雷威的工作彙報後，當場給予高度肯定：張雷威同志是一個企業幹部，已成為扶貧工作的內行，對精準扶貧有思路有辦法。

28 翻譯官「翻」開扶貧新頁

「新中國成立以來，特別中國共產黨十八大以來，中國對世界減貧事業的貢獻率超過 70%，每年減貧超過 1200 萬人。欽州市是中國廣西的一座海濱城市，在對貧困戶進行精準識別的基礎上，結合自身產業與區位優勢實施精準幫扶，對符合脫貧摘帽『八有一超』標準的貧困戶進行精準脫貧，已有數萬人實現脫貧摘帽……」在第四屆亞太可持續發展論壇現場，一個中國小夥子正在用流利的英語向聯合國副祕書長阿赫塔爾介紹中國與欽州市的扶貧成果。阿赫塔爾邊聽邊點頭邊讚歎：「中國，very good！欽州，very good！」

這個陽光帥氣的小夥子叫劉昶，是廣西欽州市外事辦公室的英語翻譯，現任欽州市浦北縣三合鎮新村村第一書記。

懷揣夢想「翻譯」人生

2016 年，劉昶畢業於廣西民族大學外國語學院英語筆譯專業。父母希望他大學畢業後回老家山西太原市成家立業。劉昶卻說：「好兒女志在四方，有志者奮鬥無悔」，要扎根基層，讓青春之花綻放在祖

國最需要的地方。

劉昶對欽州市這個「一帶一路」西部陸海新通道樞紐城市充滿憧憬，當聽說該市來學校引進人才，他馬上報名並順利通過考核。到欽州市外事辦上班後，劉昶總覺得缺了點什麼東西。

後來，派去浦北縣三合鎮新村村擔任駐村扶貧第一書記的兩位同事，由於家庭原因，先後向單位申請換人。劉昶想起向聯合國副祕書長宣傳扶貧事業時的自豪，便主動接下這根脫貧攻堅「接力跑」的「接力棒」。

2019 年 2 月，初到基層的劉昶，人生地不熟，語言又不通，還經常鬧出笑話來。比如，分不清「三鴿」和「三合」；又如，把「供良坡」聽成「公斤坡」，進村入戶往往搞不懂貧困戶表達的意思，嚴重影響了脫貧攻堅工作進度。

身為翻譯官的他，深知順暢的語言溝通是一切工作的前提。劉昶認為，要想征服一座城，首先征服當地的語言。為了克服語言障礙，盡快融入到群眾中去，他拉着村支書走訪全村貧困戶了解情況，深入田間地頭察看村際狀況，與村民們拉家常，幫貧困戶幹活。一個半月後，劉昶把全村 197 戶貧困戶全部走訪一遍。曾經的「小白臉」曬成「鍋底色」。一分耕耘，一分收獲。當地的方言與白話，他基本能聽懂了，時不時還會跟村民們來幾句「夾生話」。

劉昶深知自己沒有基層工作經驗，便虛心向鎮、村幹部取經，與工作隊員、村信息員探討交流工作方法。為盡快熟悉扶貧業務，他白天下村，晚上學習研究扶貧文件政策。很快，劉昶成了一個「新村通」。

「新村村是廣西『十三五』規劃貧困村，全村有農戶 1438 戶 5587人，其中建檔立卡貧困戶 197 戶 832 人，已脫貧 119 戶 566 人，貧困

▲ 浦北縣北通鎮萬畝佳荔基地

發生率已從 14.8%降至 4.7%。2019 年，新村村實現 62 戶貧困戶 231 人脫貧摘帽，貧困發生率降至 0.58%。」談起村情和扶貧，劉昶如數家珍。

幫扶脫貧戶「再翻頁」

「創業容易守業難」。脫貧容易，鞏固脫貧成果不容易。這話用在 2017 年欽州市脫貧榜樣吳德邦身上最不為過。

2015 年 10 月，吳德邦一家 5 口人被精準識別為建檔立卡貧困戶。沒脫貧前，家裏主要靠丈夫吳德邦在欽州、浦北做建築零工掙錢養家糊口。後來，吳德邦在前任第一書記和幫扶幹部的幫扶下，自力更生，發展香芋、紫米、千日紅花茶等生態特色產業，連片種植 100

多畝紫米和 30 畝連片的林下百香果基地。

2017 年，吳德邦一家收獲香芋 7500 多公斤，純收入 15000 多元，不僅成功脫貧摘帽，妻子韋愛娟還成立浦北縣永樂農產品產銷專業合作社，成為村裏的致富帶頭人。她註冊「永樂」富硒紫米品牌，擴大生產規模。帶動 20 戶農戶加入合作社，一起發展特色農產品。同年，吳德邦當選為欽州市脫貧攻堅「自強勵志・脫貧榜樣人物」，韋愛娟則榮獲浦北縣「三八紅旗手」稱號。

大多數政策傾向貧困戶，幫扶幹部的眼睛都是緊盯貧困戶。剛開始，劉昶也特別「偏愛」未脫貧戶。一次偶然機會，讓他及時糾正自己這個偏見。劉昶意識到，如何鞏固脫貧成果同樣是脫貧攻堅工作的重中之重。那天，他陪同縣領導參觀韋愛娟的合作社，無意中聽到合作社的發展藍圖，他不由得眼睛一亮：這是一個鞏固扶貧成果、以先進帶動後進、擴大產業規模、引航貧困戶奔小康的「領頭羊」，必須要抓牢這隻「羊」，讓它充分發揮作用，真正帶動一方百姓致富。

劉昶利用自己的人脈資源，為吳德邦夫婦量身定做一套長遠發展規劃。經過一番考察與研討，他建議吳德邦夫婦發展母牛養殖產業。吳德邦夫婦正為如何拓展擴大產業發愁，聽了劉昶的建議，心有所動。但是，養殖母牛成本高，一頭小乳牛都要 15000 多元。作為一個年人均收入 9000 餘元的脫貧戶，孩子讀書費用大，資金緊缺，實在找不到資金來源。劉昶立即向鎮政府和後盾單位申請幫扶資金，在他的奔走努力下，終於通過婦女創業擔保的途徑，幫韋愛娟爭取到 15 萬元的貼息貸款。

「養殖場佔地 700 多平方米，可容納 30 多頭牛，每頭牛養殖一年後大約可賣到 2 萬至 3 萬元，形成規模後年收入 20 萬不成問題。」看着準備竣工的牛棚，韋愛娟喜滋滋地告訴我們。劉昶還幫她協調 30

畝地，專門用來種牛草。今年底，她計劃先養 10 頭小母牛，等明年草長肥了再養 20 多頭，然後發動農戶參股入股，大家共同致富。

「劉昶是個很有發展眼光的年輕人，他能夠對脫貧戶標本兼治，讓脫貧戶打翻身仗，這是非常值得我們借鑒的工作經驗。」三合鎮鎮長覃瓊由衷地為劉昶點讚。

新村村的村支書蘇世傳告訴我們，劉昶是個對工作特別較真的年輕人，不怕啃「硬骨頭」。村裏的老光棍、50 多歲的預脫貧戶陶世昌，一直是「坐等望靠」，懶惰成性，村幹部和幫扶幹部上門介紹他去務工，他不理不睬。劉昶得知情況後，買來幾斤豬肉，帶上小酒小菜到陶世昌家。一頓飯的游說，老光棍居然被他的誠意打動，答應到縣城工業園的衣架廠務工。

▲ 貧困群眾種植的黃皮果

為徹底消除村裏「危房改造難」的問題，劉昶多方籌措危改資金，並將自己的第一書記專項幫扶資金以及市領導聯鎮包村資金、後盾單位幫扶資金，全部統籌到村裏的危改上面。他駐村短短的 8 個月時間，村裏所有危改貧困戶全部搬進新房。村裏的住房保障率從 96.94% 一下子飆升到 100%。「若不是劉書記幫忙，我們家哪有新房子住呀」，脫貧戶高如魁感慨地說。

演繹「脫貧脫單」雙豐收

俗話說：「贈人玫瑰，手有餘香。」愛出者愛返，福往者福來。

有一天，劉昶入戶走訪貧困戶時，看到有一家貧困戶的幫扶手冊填得不盡如人意。他在幫扶幹部群裏，讓該戶的幫扶幹部立即入戶整改。

回到村後，一個扎着小辮的姑娘從門後探頭出來問道：「誰是新來的第一書記啊？」劉昶回答：「我就是。你是幫扶幹部嗎？」姑娘撇着嘴說：「我就是在群裏被你點名的人，現在來整改了。幫扶手冊不太會填，來請教一下你。」說着笑嘻嘻地把手冊交給劉昶。看着這個嬉皮笑臉的姑娘，劉昶又好氣又好笑。

通過詢問，劉昶了解到這位名叫王麗敏的幫扶幹部是三合鎮中學的特崗老師，剛來扶貧業務不熟悉。劉昶拿出一本新的手冊，一個空一個空教她怎麼填寫。填好手冊後，早過了午飯時間，餓着肚子的王老師扮個鬼臉，一溜煙跑了。接下來的日子，這個古靈精怪的王老師成了劉昶的重點關注對象。王老師也成了新村村的常客，每次入戶都會討論工作加兩句拌嘴，兩人儼然一對歡喜冤家。

在劉昶的指點下，王老師積極為幫扶的貧困戶何代強申請危改指

標、教育資助、雨露計劃、產業獎補等，並動員何代強的子女務工就業。有了劉昶這個「幕後軍師」，王麗敏的幫扶對象何代強爭取到 2.8 萬危改補助，務工年收入 71 700 元，家庭年總收入 81 115 元，人均年收入 10 139.4 元，2019 年 11 月成功脫貧摘帽。

工作隊員與村幹部經常調侃劉昶，說他到新村村來得太對了，既幫助新村村脫貧摘帽，又讓自己「脫單」。劉昶和王麗敏並肩走在鄉間小路上，夕陽把他倆的影子越拉越長。凝視天邊絢麗的晚霞，劉昶深情地向王麗敏許諾：待到新村村同全國人民一起邁入小康社會之日，便是你我執手共老之時。

29 腳下有路・心中有志・生命有光

「鳥吃等食定會餓死，人不勤勞窮一輩子」，泰來縣平洋鎮平洋村「百姓創業之家」牆上的一條橫幅格外醒目。

喬福軍 5 歲時摔傷導致骨膜受損，胸背部出現嚴重畸形，成為四級殘疾。妻子劉宇佳患先天性軟骨病，二級殘疾，腿骨極易骨折，行動離不開枴杖。父親是盲人，一級殘疾，母親患乳腺癌，家境十分貧寒。

泰來縣是著名的江橋抗戰發生地，也是黑龍江省列入大興安嶺南麓集中連片特困地區的 11 個縣之一。平洋村人口有 835 戶，其中建檔立卡貧困戶 123 戶，因病因殘致貧超過 60%。

喬福軍夫妻雖然幹不了重活，但喬福軍會開車。他買來一輛小貨車，在齊齊哈爾市跑業務。後來，喬福軍在泰來縣江橋鎮購買了 3 間房屋。可是，天有不測風雲。2006 年，他的母親患了乳腺癌。

面對困難，喬福軍表現得十分堅強。「那時，我還從平洋村販西瓜，拉到江橋鎮賣，掙點零花錢。」讓他欣慰的是，2007 年妻子劉宇佳生下健康的女兒，給這個家庭帶來了歡樂與希望。

為給母親看病，喬福軍不得已把賴以棲身的 3 間房子賣掉，還了

▲ 喬福軍和妻子劉宇佳在手工編織車坐墊

外債，開始租房生活。在 12 歲女兒喬欣怡的記憶裏，這些年先後搬了四次家。

2009 年母親去世後，喬福軍帶着妻女和雙目失明的父親，來到河北省廊坊市賣早餐。有一天大清早，兩人騎的三輪車不小心翻了，豆漿、包子散落一地。從地上爬起來，看着起早爬夜辛辛苦苦換來的果實付之一炬，夫妻倆抱頭大哭。

「我和妻子都有殘疾，孩子又小，受的辛酸苦楚就別提了，也沒掙到啥錢。」2014 年，喬福軍一家又回到平洋村。「那時候，沒啥收入，住的地方也沒有，真覺得日子過不下去了。」喬福軍哽咽着說。後來，村裏給租了房子，他們才把生活安頓下來。

▲ 喬福軍在細心工作

　　改變從 2015 年開始。通過個人申請，村組評議將喬福軍識別為建檔立卡貧困戶。他看到了希望，主動找到村委會，要求謀生存，村組幹部和駐村工作隊積極為喬福軍出謀劃策。

　　2016 年春天，喬福軍被聘為泰來縣殘聯專職委員，負責聯繫平洋鎮的殘疾人，每個月可為家裏增加 700 元的收入。平洋鎮共有 1000 多名殘疾人，忙的時候，喬福軍一整天都在外面，工資從最初的每月 700 元漲到目前的每月 1200 元。

　　生活有了起色後，喬福軍沒有躺在扶貧政策上繼續「伸手要」。「駐村工作隊、村幹部等經常到我家宣講政策，噓寒問暖，我就想，我們兩口子已經給大家添了不少麻煩，我年紀還不算大，多少還有點勞動能力，得自食其力，不能躺在黨的懷抱裏，嗷嗷待哺哇。」

　　為了增加貧困戶收入，實行產業扶貧，泰來縣從江蘇省引進一家專門生產汽車飾品的企業，手工編織汽車坐墊的扶貧項目應運而生。2018 年 3 月，這家公司在平洋鎮舉辦手工編織培訓班，喬福軍夫妻都報了名。喬福軍心想，這下可要把握好機會，我們兩口子重活幹不了，走路不方便，這個手工編織的項目就好像為我們家量身定做的一樣。

　　「當時我們就憋了一股勁，暗下決心，不學拉倒，學就學好。」喬福軍和妻子起早貪黑研究編織技術，手上磨了不少泡。作為第一批學員，夫妻倆熟練地掌握了編織技術，2018 年靠編織掙來 4000 多元。

　　喬福軍不僅手工編織技術嫻熟，而且腦子靈活、組織協調能力強。2018 年 5 月，被企業聘為手工編織基地管理員，每月工資 1000元。他主要負責學員招收管理、手工編織教學、上下溝通協調，確保坐墊及時回收，工資按時發放。

　　喬福軍當了「師父」。他這樣激勵別人：「我一個殘疾人都不服輸，你們四肢健全還能服輸？！小車不倒只管推！」經他教會的「徒弟」達 30 多人，村民劉淑華就是一個。

　　「第一期培訓沒參加上，後來是喬福軍教會的。他身殘志堅，不向命運低頭，我們都佩服他。」正在編織的劉淑華有個線頭接不上，叫來喬福軍，他很快就接上了。

　　2018 年 6 月，平洋鎮投資 20 萬元購買 140 平方米臨街房屋作為手工編織基地，命名為「百姓創業之家」。作為管理員，喬福軍一家搬進「百姓創業之家」，結束了租房生活。

　　「以前，屋子又小又黑，現在住得寬敞明亮，是我最喜歡的」，喬欣怡說。

　　2018 年，泰來縣舉辦為期 8 天的「貧困殘疾人實用技術培訓暨巧女編織項目培訓班」，喬福軍當了主講人。「擺脫貧困，首先從精神上

▲ 喬福軍振臂一揮：我於 2018 年光榮地脫貧了！

與貧困絕緣，不等不靠。」喬福軍把這當作「祕訣」。

泰來縣組織的「身殘志堅，脫貧光榮」的演講會上，站在台上的喬福軍振臂一揮，驕傲地說：「我於 2018 年光榮地脫貧了！美好生活是幹出來的。感謝黨和政府搭建的平台，讓我們殘疾人也能靠勤勞的雙手掙錢，實現人生價值！」

喬福軍除發展手工編織以外，還發展起手工編織車坐墊的經營生意 —— 回收成品的車坐墊，再面對市場賣出去，中間的差價也是一筆不菲的收入。他在村裏還身兼其他職位，在生態補償脫貧一批中，擔任村裏的生態護林員，每年可以增收 4000 元。

過去女兒上學的費用是喬福軍一家的負擔，現在每年女兒上學還會得到教育補貼 2000 元。這對他們一家人來說，別提多高興。日子一

天天好起來，生活越來越有奔頭，喬福軍三口人的臉上也露出喜悅的笑容。

2018 年家庭總收入 23 119.6 元，人均收入 7706.53 元；2019 年家庭總收入 37000 元，人均收入 12 333 元，從貧困到溫飽再到小康，他感慨萬千。

喬福軍說：「致貧的原因有千百種，但是脫貧致富最終還是要靠自己的勤勞苦幹，千萬不能有等、靠、要的思想。各級領導和愛心人士對我的幫助之恩，我無以報答，只有用實際行動來證明他們沒有幫錯人！」

在喬福軍夫婦的輻射帶動下，平洋鎮「扶貧車間」像雨後春筍一樣，發展到現在的 6 個，帶動就業 191 人，其中貧困人口 57 人、殘疾人 18 人，實現人均月增收 600 元。

越來越多的人加入編織隊伍。平時大家在一起都要比一比誰編得快，誰編的質量好；發工資是大夥最快樂的時候，都曬一曬誰這個月掙得多。喬福軍經常告誡車間工人的一句話是：「擺脫貧困，要有智慧和志氣，不能躺在扶貧政策上繼續伸手要，不能完完全全地依靠黨和政府救濟來生活，要靠自己的現有條件謀求一個致富門路。」

通過產業帶動、個性化幫扶等舉措，讓貧困戶樹立起自力更生、勤勞致富的信心，為貧困戶走出貧困、不返貧和增強後續鞏固提升動力奠定了堅實基礎。

30 貧康保以何奔小康

康保縣地處河北省壩上西北部，屬燕山 — 太行山集中連片特困地區，是國家級扶貧開發重點縣。

康保「貧」在何處？一是貧困規模大、程度深，結構性貧困突出。全縣建檔立卡貧困人口中，因病致貧佔 30.9%，因年老無勞力致貧佔 28.95%，因殘致貧佔 12.48%，三項累計高達 72.33%。二是人口流失嚴重，空心化程度高。農村青壯年勞力舉家外出，農村「空心率」達 70% 以上，常住人口僅僅 6.3 萬，留守人口平均年齡 67 歲，群眾形象稱「房堵窗、戶封門、村裏見不到年輕人」。三是自然條件較差，生態環境脆弱。氣候高寒乾旱，年均氣溫 2.1℃，降水量 300 毫米，無霜期僅為 97 天，旱地佔耕地面積 86%，畝均效益不足 100 元。四是經濟發展落後，產業脫貧難度大。康保區位閉塞，交通不暢，招商引資難度大，全縣無大中型工業企業。

面對相同的目標時間和不同的起點條件，貧康保以何奔小康？

成績斐然，數字為證。2013 年康保縣有貧困村 165 個，貧困人口 8.8 萬人，貧困發生率 36.04%。6 年來，全縣農村人均可支配收入由 2013 年的 5271 元增長到 2019 年的 11 210 元，年均增長 13.7%；8 萬

多人口擺脫貧困，貧困發生率下降至 0.69％，所有貧困村全部達標退出，順利實現戶脫貧、村出列、縣摘帽目標。

抓黨建促扶貧，打贏脫貧「翻身仗」

抓好黨建促脫貧攻堅，是貧困地區脫貧致富的重要經驗。康保縣抓黨建促扶貧，以前所未有的決心和脫胎換骨的作風向深度貧困發起總攻。

壓緊壓實脫貧責任。落實「三級書記抓扶貧」責任制，發揮各級黨組織戰鬥堡壘作用。縣級成立產業扶貧、易地扶貧搬遷等 10 個專項攻堅小組，鄉鎮設立 4 個脫貧專班，各級幹部將全年目標分解，掛在辦公桌前，做到「抬頭見任務、使命記心中」。

選優配強脫貧隊伍。選派 393 名機關幹部駐村幫扶，7271 名幹部與貧困群眾結對，實現駐村幫扶、領導聯鄉、幹部到戶「三個全覆蓋」。提拔重用 137 名長期值守扶貧一線幹部，20 名縣直部門優秀幹部到鄉鎮一線任職，村「兩委」班子換屆配強，激發黨員幹部幹事熱情。

強化制度機制建設。把「按制度辦事、靠制度管人」貫穿脫貧攻堅全過程，立足縣情實際，研究出台《扶貧工作調度制度》《扶貧資產監督管理辦法》《農村扶貧公益崗位管理辦法》等多個制度辦法，推動扶貧工作規範扎實開展。

狠抓幹部作風建設。廣大黨員幹部「5+2」「白加黑」，擔當苦幹、砥礪奮進，通過「有霜期抓前期，無霜期搶工期」等超常舉措，把諸多不可能變為可能，多項工作走在省市前列。2018 年順利通過年度省考國考，在全省扶貧成效考核中進入「好」的行列，打贏脫貧攻堅「翻身仗」。

強弱項興產業，激活脫貧「新動能」

康保縣立足「首都兩區」定位，發揮風光資源、土地資源、生態資源「三大優勢」，構建光伏、特色種養、土地流轉、生態建設「四位一體」的增收體系，築牢產業支撐，拓寬增收渠道。

突破守着金飯碗討飯吃的思維定式，把光伏產業作為產業扶貧的支柱產業。近兩年來，累計投入 4.76 億元，建成光伏扶貧電站 18.3 萬千瓦，年實現收益 1.15 億元，帶動 2.2 萬戶貧困戶實現增收，195 個貧困村實現光伏扶貧全覆蓋，帶動 1.7 萬貧困群眾穩定增收。

一個項目輻射一片，一個產業帶富一方。累計整合 3.97 億元，與乾信牧業、嘉康農業等 12 家農業龍頭企業合作經營，通過資金入股、資產租賃等利益聯結機制，帶動 20 650 戶貧困戶穩定增收，形成全產業鏈肉雞加工、脫水蔬菜調料包、箱包製作出口等特色產業。

同步推進生態建設與脫貧攻堅縱深發展，建設百萬畝草原牧場和檸條生態林基地。打造運動、藝術、養生、美食四條草原旅遊線路，連續舉辦遺鷗攝影周、草原國際馬拉松等生態旅遊活動，探索「旅遊

▲ 滿德堂鄉王達地村鄉村光伏扶貧電站

＋扶貧」新模式，帶動貧困群眾多渠道增收。

研發智能就業服務系統，幫扶轉移就業 5800 多人次。設立公益崗 2.2 萬個，選聘護林員 3600 名。扶持扶貧車間 16 個，吸納 2070 名群眾家門口就業。實施林業生態工程 53.8 萬畝，帶動 2241 名貧困群眾增收。引進善能生態集團生物質電廠，土地流轉年收益 360 萬元，惠及貧困戶 1 萬多人。

挪窮窩拔窮根，幹出脫貧「加速度」

康保縣如期完成 110 個自然村、29 315 人的易地扶貧搬遷任務。搬遷規模如此之大、任務如此之重，何以走在全省前列？

堅持規劃引領，從解決搬遷誰、往哪搬、如何搬等問題入手，統籌考慮城鄉融合發展、產業園區集聚、基礎設施和公共服務配套建設，堅持以縣城安置為主、中心集鎮安置為輔，集中建設、集約共享，在縣城經濟開發區附近建成佔地 543 畝，電梯樓 95 棟，建築面積 52.05 萬平米，安置 94 個村 20 111 人的集中安置區。

出台《重點建設項目審批聯席會議制度》，實現搬遷項目、一次會議、多個部門、集中審批，僅用 1 個半月，完成縣城集中安置區的前期手續。優化施工程序，二次結構同步實施，6 個月建成 6237 套 49 萬平米樓房，創造「當年開工、當年竣工、當年入住」的康保「加速度」。

通過產業就業兩手抓，確保搬遷家庭至少一人實現穩定就業。在縣城安置區，依託經濟開發區入駐的 20 家企業，構建「三公里就業服務圈」；引進 2 家勞務派遣公司，帶動搬遷群眾通過季節性務工實現增收。在 50 戶以上集中安置點，全部配建特色種養大棚和園區，確保有勞動力和就業意願的群眾全部實現就業。

▲ 嘉康食品有限公司脱水蔬菜生產車間

堅持「搬遷群眾到哪裏,黨的組織工作就覆蓋到哪裏」的原則,在縣城集中安置區成立黨工委,建立起樓長管樓棟,組長管單元的網格化黨建體系。安置區內設就業、便民、醫療、物業四個「服務中心」,做好易地扶貧搬遷「後半篇文章」,確保貧困群眾搬得出、穩得住、快融入、能致富。

補短板夯基礎,構建脱貧「硬支撐」

整合人力、物力和財力集中攻堅,統籌貧困村和非貧困村「雙基」建設,實施「兩不愁三保障」百日攻堅,完成住房、改廁等 7 大類 170 多項「雙基」建設工程,補齊農村人居環境短板。

2018 年以來,規劃實施省縣鄉村四級道路 1221 公里,1059 公里道路全部竣工通車,實現鄉鄉通柏油路、村村通水泥路、主街道都有硬化路。

逐村逐戶鑒定核實,對 7696 戶「四類人員」危房戶,按照戶均 3 萬元兩間房標準實施新建;對非「四類人員」危房存量戶,通過周轉房安置、入住互助幸福院、租賃安全房、以獎代補修繕等方式解決。為保障住房建設質量,全面推行專業監理、審計監督、部門監管、群

眾監督「四個監督」。各村成立村民監督委員會，鄉鎮聘請監理，全程監督危房改造，並實現全覆蓋式驗收，在村常住人口實現危房全部清零。

兩年新打機井 222 眼，安裝水電配套設施 241 台套，完成 163 個貧困村和 129 個非貧困村飲水安全鞏固提升工程，群眾喝上放心水。改造新建輸電線路 819.6 公里，326 個村全部實現網絡全覆蓋。

兜底線促振興，織密脫貧「防護網」

天地之大，黎元為先。組建家庭醫生服務隊，開通村級衛生室醫保刷卡系統，群眾不出村就能享受到優質健康服務。投資 7500 萬元實

▲ 康保縣城易地扶貧搬遷集中安置小區

施朝陽希望小學等工程，全面落實「兩免一補」「三免一助」「雨露計劃」政策，享受政策學生 2.5 萬多人次。落實社會救助政策，全縣低保保障率提高到 11.88%。籌資 800 萬元設立「精準防貧保險」，對重大支出型貧困群體及時救助。

思想不脫貧，一切等於零。持續開展「敬老孝親」「脫貧示範戶」等評選活動，全縣培樹評選出百名典型；行政村建立孝善養老基金和「黨愛超市」，構建起「人人皆願為、人人皆可為、人人皆能為」的扶貧格局。推行移風易俗、破除紅白喜事大操大辦、奢侈浪費、隨禮攀比、厚葬薄養陋習，促進扶貧扶志扶智與淨化農村風氣相結合。

孤舉者難起，眾心者易趨。對外廣交朋友，構建社會關心支持康保的大扶貧格局。省直部門撥付資金用於「廊坊 — 新奧·康保協同創新示範園」建設等項目，省農行累計投放 3.9 億元貸款支持康保扶貧產業。中國聯通公司實施光伏發電等扶貧項目 27 個，發起百名博士、百名企業家進康保的「雙百工程」。中國宏泰發展協同長江商學院與康保簽訂人才培養計劃，以及建設航空產業園框架協議。縣人民醫院、土城子鎮衛生院，與北京清華大學附屬垂楊柳醫院實現遠程會診。

戰貧困，三支隊伍一股繩；奔小康，三大平台聚心力。在農村建立「小紅帽」「黃馬甲」「白大褂」服務群眾三支隊伍，「大喇叭」「公開欄」「二維碼」聯繫群眾三大平台。康保縣以基層黨建為引領，扭轉以往不敢管、不會管、管不好的被動局面，健全完善自治、德治、法治「三治融合」的現代鄉村治理體系，為鄉村振興提供制度基礎和重要保障。

31 農牧民「樂成」城裏人

　　葉城縣地處新疆維吾爾自治區西南部，轄 26 個鄉鎮（區），總人口 55 萬人，是一個以農業為主、農牧結合的農業大縣、畜牧大縣和林果大縣，也是我國西部邊陲的軍事重鎮及國家扶貧開發重點縣和邊境縣，邊境線 102 公里。該縣是全疆 35 個貧困縣之一，也是 22 個深度貧困縣之一。深度貧困鄉鎮 11 個、貧困村 185 個，建檔立卡貧困人口 37 187 戶 160 694 人。2014 年至 2019 年累計脫貧 34 772 戶 152 673 人，全縣貧困發生率由 2013 年底的 33.89% 降至 1.87%。

　　為破解南部山區鄉鎮地質災害頻發、生態環境脆弱、脫貧攻堅難度大的問題，在上海市寶山區的對口幫扶下，葉城縣牢牢把握易地扶貧搬遷這一重大歷史機遇，將易地扶貧搬遷作為政治工程和民生工程，高位推動、積極探索、精準施策。對土地貧瘠「一方水土養不好一方人」、自然災害易發、頻發區域的棋盤鄉、柯克亞鄉、西合休鄉、烏夏巴什鎮 4 個鄉鎮 56 個行政村的 6835 戶 29 841 人實施易地扶貧搬遷。截至 2019 年 10 月 25 日，葉城縣計劃內搬遷群眾已全部完成搬遷入住，標誌着「十三五」期間喀什地區乃至全疆規模最大的易地搬遷工程圓滿收官，實現了群眾搬得出、穩得住、有事做、能致富的目標。

▲ 貧困戶吾加木尼亞孜・亞庫甫家的安置房

　　易地扶貧搬遷工程實施以來，搬遷農牧民群眾生產、生活發生了翻天覆地的變化。當來到中泰物流園、阿克塔什農場、城區易地扶貧搬遷安置小區，能夠切身感受這可喜的變化。安置區幼兒園、小學、養老院、衛生所、文化活動室、超市和飯店應有盡有，居民們穿着時尚，說笑聲不絕於耳。幼兒教育、九年義務教育全免費，高中也免費。衛生條件明顯改善，用上了自來水，看上了電視。每周一早晨，遷入新區的群眾舉行升國旗儀式，從白髮蒼蒼的老人，到上班的青壯年，大夥兒都積極參加。看到鮮豔的五星紅旗徐徐升起，村民們心中也升起對美好生活的新希望。這些從崑崙山深處搬遷出來的農牧民，開始了祖祖輩輩都不敢想象的城裏生活，並在新天地放飛着嶄新的夢想。

玉賽斯新村牧民賽甫丁・努爾 10 多年前眼睛幾乎失明，妻子在泥石流發生時遇難，房屋沖毀了。他家現有三口人，20 歲的兒子在小區賣烤肉，17 歲的女兒在喀什市上中專。他一家人住在 50 多平方米的安置房裏，家裏沙發、茶几等物件擺放得井井有條。「縣政府還發給我家房屋產權證，兒子拿 6000 元把家裝修得像婚房。」賽甫丁的女兒阿爾組古麗・賽甫丁說這話時臉上掛着笑容。「我們那個時候一搬進新房，大到電視機、液化氣灶，小到鍋碗瓢盆、紙巾等日常生活用品應有盡有。」阿爾組古麗說，「村社區幹部手把手教我使用電視遙控器、液化氣灶點火程序、防盜門鎖的開啟等。現在，我們對這些東西都能熟練應用！」

賽甫丁居住樓房不遠的一家門店叫「葉城縣美麗家園烤肉店」，就是賽甫丁的兒子阿依麥提・賽甫丁經營的燒烤店。到了中午時分，來店吃烤肉的居民絡繹不絕。「每天賣兩隻羊的烤肉，高峰時能賣三隻羊。」阿依麥提說，「我現在最大的願望就是給我爸找個老伴。我家發生的變化，都是共產黨給的，從受災牧民『變身』城裏人，我們趕上了好時代！」

在縣城南環 C 區居住的棋盤鄉阿孜干薩勒村 65 歲的牧民吾加木尼亞孜・亞庫甫和 58 歲妻子吐汗・肉孜，2018 年 7 月搬遷到小區，住進 50 多平方米的安置房。搬遷僅一年多，他家的生活就發生巨大變化。搬遷進城後為改善家庭生活，吐汗・肉孜主動在縣城建築工地找活做小工至今，由最初的日掙 50 元、60 元直至現在的 100 元。「老頭子身體有疾病不能幹重活，我就把看管兩歲孫女的事交給他管。再說，住進這漂亮、明亮的樓房，在家裏待着也不是一回事。」吐汗・肉孜談起當初的想法時這樣說，「看着別人家搬過來，早上就炒菜吃饢饢，中午也是炒菜吃米飯，把原來主食饢當成副食點心，我心裏就

癢癢。我家是建檔立卡貧困戶，我要主動脫貧。黨的政策這麼好，只要你勤勞就能掙上錢！」由於吐汗‧肉孜在脫貧攻堅工作中積極主動尋求脫貧，被村黨支部、村委會評為先進個人。

說起棋盤鄉搬遷到縣城南環 C 區的依迪熱斯‧吾加木尼亞孜，安置新區的村民都知道那是一名挂着枴杖進進出出、騎着摩托車來來往往、隨時隨地都是笑笑眯眯的殘疾人。五歲時，他摔斷右腿，老天爺為他關上一道門卻沒給他打開一扇窗，2016 年他又在一次摩托車交通事故中傷了左腿。如今 38 歲的他，沒有因為常年的殘疾而向黨委、政府等靠要，沒有因為意外的打擊失去對美好生活的追求。搬遷進城後，他開起修理鋪、電焊鋪，在「火花四濺」的電焊職業中依靠雙手開拓脫貧致富的「星光大道」，成為修車同行口碑中的「好鄰居」、

▲ 就近就地進廠務工的搬遷群眾

大車司機誇獎中的「好師傅」、包戶幹部評價中的「好居民」、村民致富效仿中的「好榜樣」。

　　搬遷是手段，能致富是目的。為使搬遷群眾安心融入新區的生產生活，實現就近就地就業、增收、致富的目標。葉城縣多措並舉，積極謀劃後續扶持產業，利用易地扶貧搬遷結餘資金配套建設畜牧養殖園區、產業園區等後續扶持產業設施。發揮縣城、小城鎮、物流園安置區的區位優勢，鼓勵和支持搬遷群眾自主創業，落實創業就業扶持政策，從事農副產品營銷、餐飲、家政、物流、配送等服務業；通過大力開展技能培訓和勞務輸出工作，鼓勵和引導搬遷群眾向工業企業、商貿物流等二、三產業轉移就業。截至目前，16 個安置區（點）有勞動能力的家庭 6227 戶，已實現穩定就業 7731 人，其中一產就業 1847 人、二產就業 2540 人、三產就業 2190 人，政府購買公益性崗位 464 人、自主創業就業 690 人。

▲ 阿克塔什安置區一景

　　為確保易地扶貧搬遷工程經得起歷史、實踐和群眾的檢驗，葉城縣對標「兩不愁三保障」標準，徹底解決他們居住難、行路難、用電難、吃水難、通信難、看病難、上學難等一系列生產生活中的實際問題。農牧民充分享受公共資源和公共服務，生活質量大大提高。

　　葉城縣易地扶貧搬遷 —— 阿克塔什安置區，位於縣城東北部阿克塔什農場南側，距縣城 22 公里，距離洛克鄉 13 村 2 公里，縣道 X536 線自東向西貫穿安置區。該安置區分為北區和南區兩部分，項目整體佔地約 3150 畝，共計安置 3063 戶 13 395 人。其中柯克亞鄉 1161 戶 4765 人、棋盤鄉 1594 戶 7316 人、烏夏巴什鎮 308 戶 1314 人。

　　按照倡導新風尚、創立新形象、建立新秩序理念，將生活區與生產區分離，科學設計戶型，杜絕發生住房面積超標或「一刀切」的現象。安置點房屋戶型設計在充分徵求群眾意見，尊重當地生活習俗及生產實際的基礎上，嚴格按照人均最大不超 25m^2、「以人定房」的設計原則，設計 25m^2 — 80m^2 面積不等的 5 種戶型，安置房客廳、臥室、廚房、衛生間一應俱全，確保讓搬遷群眾住上安心房、舒心房。

32 「扶貧鐵軍」挺進大涼山

　　針對涼山彝族自治州脫貧攻堅面臨的特殊困難和迫切需求，2018年6月，四川省選派5700多名幹部組成11個綜合幫扶工作隊，分赴該州11個深度貧困縣開展為期3年的幫扶工作。當地人喻之為：「扶貧鐵軍」挺進大涼山。

　　金陽縣城是大山半山腰的一塊台地，四面環山，0.955平方公里的老城區容納6萬多常住人口，遠超1平方公里1萬人的國際通行標準。自然環境惡劣、產業發展落後、教育資源缺乏、文化生活匱乏……金陽縣脫貧攻堅綜合幫扶工作的隊長楊文波說，「這裏是一個與天鬥與地鬥的地方」。

　　橫在初來幫扶隊員面前的有「三大關」：語言關、飲食關、基建關。文武來自西南石油大學，被安排到新寨子村當駐村第一書記。「你肯定猜不到，我到村裏的第一件事，是和小學生交朋友。」

　　他說，7月1日到村上，2日開始下鄉走訪，結果語言不通，連續幾天竟然沒和老百姓說上一句話。輾轉難眠，直到腦海中靈感閃現，「孩子！學校要教漢語，學生肯定能和我交流。」從7月4日開始，文武每天守在村委會外面等着孩子放學，想方設法和他們交朋

友。幾天後，全村的孩子成了他的向導和翻譯，領着文武逐戶走訪。

　　雖然來之前隊員已做好吃苦的心理準備，但現實的情況還是超過想象。「一天兩餐和缺少蔬菜，隊員時常是『礦泉水下冷饅頭』，要不就是『洗臉盆泡方便麵』，心理和生理都不適應，活了 54 歲卻被吃難倒。」好在隊員文革原在巴中市巴州區曾口鎮農技站工作，就地發揮他的農技專長，將村委會上面的荒地開墾出來種植高山露地蔬菜。不但解決了「飲食關」，而且帶動幾戶村民一起種植。

　　「山上本沒有路，羊馬踩出的便道就是路。」文武說，剛到新寨子村時是雨季，出村的鄉道經常塌方，村上的幫扶隊員每次到縣城培訓，都要在山間徒步 2 個多小時。高峰鄉舌覺村第一書記韓松是本地人，他說「稍微遠一點的鄉鎮，開車起步就是 2 個小時，走路至少花 5 小時以上，更別說進村翻山越嶺的時間。」

　　從舌覺村出發，需要在崎嶇險窄的山路上爬行近 3 個小時才能到達高峰鄉。工作隊缺飲水，隊員們就和鄉機關幹部一道，用人背、

▲ 扶貧幹部韓松帶領綜合幫扶隊爬山進村

肩扛、馬馱的辦法，往海拔 2300 多米的山上運砂石磚塊，自建蓄水池、接通輸水管道。

> 8 月 12 日開始割草、耕地、翻土。
> 8 月 19 日開始秋蔬菜的栽種。
> 8 月 27 日至 31 日補栽補植。
> 8 月 19 日至 11 月 14 日，蔬菜的田間管理。
> 10 月 16 日舉行秋蔬菜收割儀式。
> 10 月 19 日正式開始第一批秋蔬菜收割並售賣。
> 10 月 19 至 22 日，工作隊義務幫村合作社在縣城售賣蔬菜，累計銷售近 2000 斤。
> 11 月 14 日，最後一批蔬菜銷售結束。

翻開文武的駐村日記，有專門一頁記錄了新寨子村 2018 年通過「以購代捐」發展蔬菜產業的情況。

「到深貧縣啃『硬骨頭』，一定要找到產業上的『帶頭人』。」來到這裏後，楊文波發現金陽縣跟自己原先工作的沐川縣有相似之處 —— 農業林業資源比較豐富，種植業有一定的基礎和規模。因此，他覺得可以把之前「摘帽」成功的經驗移植過來。首先在當地找致富帶頭人形成示範帶動效應，改變當地靠天吃飯的種植現狀。隨後培育新經濟模式，採取「公司＋合作社＋農戶」等模式，建立產業發展與農戶增收關聯機制，確保村民增收。

這一思路得到隊員們的積極響應。新寨子村地處高寒山區，平均海拔近 2400 米，非常適合發展高山蔬菜。為壯大村集體經濟和實現村民持續增收，8 月以來，文武帶領隊員以村造林專業合作社為依

▲ 扶貧幹部文武和新寨子村民一起收割大白菜

託，示範種植約 50 畝大白菜，並與對口幫扶單位西南石油大學達成協議，成功解決大部分大白菜的銷路問題。

到了收獲季節，漫山遍野的大白菜，鬱鬱蔥蔥，長勢喜人。但村裏青壯年外出務工，在大白菜的收割上卻犯了難。文武第一時間向縣綜合幫扶工作隊帶隊領導反映情況，對方立即協調縣消防中隊派員支持，10 月 21 日清晨，10 餘名消防官兵在縣委副書記、綜合幫扶工作隊副隊長李澤波帶領下來到新寨子村幫助收割。

「要是沒有工作隊貼心的幫助，今年的大白菜不知道要賣到猴年馬月。」新寨子村支書李木史清說起這次合作，感觸很多。2018 年，新寨子村銷售秋蔬菜 7 萬餘斤，為村集體經濟多增加 3 萬元收益，每

「扶貧鐵軍」挺進大涼山

戶貧困家庭多了 300 元的分紅。

距離縣城較近的馬依足鄉迷科村，早在幾年前就確立以烏洋芋作為村裏產業發展的核心。然而，苦於落後的種植技術和銷售渠道，「迷科烏洋芋」的品牌一直沒能打響。幫扶隊到位後，制定出以集體經濟合作社為載體、以電商為平台的產業發展戰略。

「小到洋芋的窩距要請種植專家精確到厘米，大到讓迷科烏洋芋作為涼山州唯一一個集體經濟合作社產品，參加成都的農博會，這支幫扶隊給我們村帶來了立體式的幫助。」迷科村 90 後村支書吉克日者說。在工作隊來之前，村裏的烏洋芋零售價格在 2.5 至 3.0 元一斤。品牌打響後，烏洋芋網購價格漲到 6.0 至 8.0 元一斤。2018 年，迷科村集體經濟總收入達 80 餘萬元。

目前，金陽縣 105 個村建起集體經濟產業、農民專業合作社達 388 個，龍頭企業 5 個，家庭農場 310 個，新型農業經營主體茁壯成長。

時間可以讓人熟悉一切。半年過後，不僅工作隊成員漸漸融入當地，而且來了幾位「後援」。

熱柯覺鄉東風村第一書記楊長軍的妻子常年體弱多病，一為方便照顧，二來妻子可以利用村小的廚房給孩子做飯。兩人一商量，乾脆妻子也

▲ 扶貧幹部王勇與農戶一起種植烏洋芋

到村裏來，兩口子成為遠近聞名的「駐村夫妻」。

　　來自內江的對坪鎮中學幫扶教師卿桃有，也將 70 多歲的老母親接到脫貧攻堅的前沿陣地。「帶領家人一起走在脫貧攻堅的路上」，成為工作隊裏一道亮麗的風景線。

　　山高路遠，更加重任在肩。很多工作隊員兩三個月才能回家一次，一些隊員更是親人生病也無法趕回家照顧。脫貧事業的使命感和責任感，將隊員們「釘」在這裏。同志間並肩艱苦戰鬥的情誼，將大家緊緊「攛」在一起。

　　「以前他是我領導，要叫楊書記，現在是一個隊伍的戰友，叫楊隊長，感覺關係更近了」，來自沐川縣扶貧局的張志華說。包括楊文波在內，工作隊裏有 7 名隊員來自沐川縣，分別在財政局、公安局、扶貧局等部門掛職。

　　「確保凝心聚力，才能持續用力。突出專業優勢，才能發揮最大效能。」工作隊裏 50 人具有一技之長，分為產業發展、項目規劃等類別，成立綜合幫扶專班，根據階段工作重點，對全縣 1000 多名幫扶隊員開展「菜單式」培訓。目前，在全隊開展培訓 1500 餘次，幫助隊員解決實際困難和問題 58 件。

　　「李老師，羊兒得了寄生蟲病咋辦？」在一次縣級培訓會上，得知李勇平是來自武勝縣的畜牧養殖專家，韓松馬上找到他取經。李勇平正愁如何同隊員打成一片，一聽到提問馬上來了精神，就養羊技術交流了半個多小時。

　　一天，楊文波特地走到文武身邊說：「你們新寨子村的隊員年齡偏大，有什麼困難要及時說。」

　　文武說，「沒想過生活困難的事情，就是還有好多摸底和可行性研究沒做，每天想的都是怎麼謀劃產業。」

　　「第一步是把蔬菜基地變成看得見的產業，能有一定規模和經濟收入，讓老百姓看到希望；第二步重點教育村民養成好習慣、形成好風氣，為當地培養一支帶不走的農業技術隊伍；第三步在基層搞好法治建設。」經過一段時間的觀察和前期實踐，文武和隊員為新寨子村初步擬定 3 年幫扶工作「三步走」計劃。

　　工作隊的想法得到村民的認可和支持。「幫扶隊來之前，我們都是靠天吃飯種土豆。文書記來了，為了能更好地教我種蔬菜，還找小朋友自學彝語，這一點我很感動。」來自哈諾覺姑組的莫可打博說。幫扶隊給村子帶來的，不僅僅是看得見的產業，還有看得見的另外一些改變。

　　為了讓村民養成好習慣，形成好風氣，文武和隊員幾乎每天都在村裏轉悠，和村民交流。莫可打博的鄰居井力呷日就表示，「以前村上沒有其他體育娛樂，工作隊來了後，建了健身設施，還教我們做廣播體操。」

　　工作隊牢牢聚焦產業發展助增收、基層黨建強堡壘、移風易俗添動力「三大主業」，細化縣、鄉、村三級幫扶工作隊責任清單。駐迷科村的王勇把改變村民個人衛生習慣的工作思路寫入手冊，駐天地壩鎮的周永華則組織鎮上開辦返鄉青年座談會、文藝晚會等活動⋯⋯

　　冬季的大涼山，涼意正濃。而每一位「扶貧鐵軍」正如金陽山褶間的索瑪花，待到春天一定會開出最絢麗的花朵。

33 「土豆西施」帶頭鋪富路

　　渭源縣素有「中國馬鈴薯良種之鄉」的美譽。李曉梅作為甘肅省田地農業科技有限責任公司總經理、黨支部書記和渭源縣田源澤馬鈴薯良種專業合作社社長，是個家喻戶曉的人物。這不僅她是個坐在輪椅上的「大老闆」，還因為她的企業連着千家萬戶，帶頭鋪富路，誓作一名依託馬鈴薯產業帶領群眾增收致富的「領頭雁」，被當地老百姓親切地稱為「土豆西施」。

　　李曉梅從事過基層衛生院臨時醫護工作，開辦過個體醫療診所，經營過中藥材飲片加工企業，當過中藥材協會負責人，最終成立起專業合作社……一路走來，她成為一名固定資產近億元、年銷售額5000多萬元的企業家。

　　面對艱難困苦，懦弱者被磨去的是棱角，勇敢者卻將意志品質磨礪得更為堅毅。正當事業蒸蒸日上、幹得如火如荼的時候，李曉梅開車去廣東跑市場的途中發生車禍，飛來橫禍奪走她的雙腿，造成高位截癱。突然降臨的災難，讓她曾經痛苦過，甚至絕望過，但生性好強的李曉梅沒有灰心喪氣，面對殘缺的生活，她像傲雪寒梅一樣不甘於命運的安排。「我不服輸，還要做得更好，讓更多的人受益」，這是一

個強者的內心自白。經過這一次劫難，李曉梅笑對挫折、心懷夢想，用柔弱的肩膀擔負着帶領農民奔小康的重擔，思考的是如何帶領鄉親們致富奔小康？

一直以來，李曉梅總在尋找更適合自己創業的路，也總在思量有更多的農民走上致富之路。「當初發展馬鈴薯產業，就是想借助我們渭源縣是馬鈴薯良種第一縣，馬鈴薯是支柱產業這個優勢，用我們和科研院校的力量，去改變當地馬鈴薯品種退化的問題，讓洋芋蛋蛋變成金蛋蛋，讓種植戶有效地增產增收。」李曉梅堅定地說。

李曉梅創建的甘肅田地農業科技有限責任公司，致力於馬鈴薯良種生產與繁育。目前，公司建成綜合辦公樓兩棟，組培樓一棟，PC中空板組培溫室 2600 平方米，智能連棟溫室 23000 平方米，馬鈴薯原種貯藏窖 2 座，氣調庫 1000 平方米，馬鈴薯原種繁育日光溫室 120 座，原種網棚繁育基地 1000 畝，原種高山隔離繁育基地 3000 畝，一級良種繁育基地 2000 畝，年生產脫毒苗 1.2 億株、原種 1.9 億粒、原種 5000 噸，良種 5000 噸。

積極響應國家馬鈴薯主食化戰略，帶領企業以貧困戶脫貧為核心、以做強做優做大馬鈴薯產業為支撐、以延長產業鏈壯大龍頭企業為載體，在渭源縣工業園區投資 4.85 億元建設馬鈴薯文化博覽苑項目；並先後與省內外科研院所、高等院校聯手，開展院企合作、校企合作，建立起科研示範研發基地。通過研究新品種、推廣新項目，開發生產當地馬鈴薯方便食品，引進四川白家食品有限公司，建設馬鈴薯方便食品生產線項目，走出了一條科技創新發展之路，提升了定西市乃至全省馬鈴薯商品薯、脫毒種薯的品質。目前，企業生產的「來點土豆」牌系列方便食品已成功上市。這不僅填補了渭源縣馬鈴薯方便食品的空白，還解決了當地剩餘勞動力 200 餘人長期穩定就業和

1200 多名臨時務工人員就業，每人每年約 30000 元收入。

2015 年 4 月開始，李曉梅還與國際馬鈴薯中心合作，成立國際馬鈴薯中心亞太中心渭源工作站，開展馬鈴薯種質資源、新品種選育、技術推廣、產品加工和高產栽培技術等方面合作交流，讓不斷蛻變的「洋芋蛋」變成含有高科技的「金蛋蛋」。

「一枝獨秀不是春，百花齊放春滿園。」在深度貧困縣上下齊心脫貧攻堅的這幾年裏，李曉梅帶領團隊積極探索脫貧助貧機制。

多年來，李曉梅坐輪椅到田間地頭，向貧困農戶推廣馬鈴薯良種種植，每年帶動 2500 多戶農戶，其中建檔立卡貧困戶 456 戶，以及 8000 個合作社會員戶均增收 5600 多元，解決當地就業 1000 多人次。公司吸納當地 500 多人長期穩定就業，年季節性用工量達到 15000 人次。李曉梅堅持為農戶免費投放馬鈴薯良種、引進各大院校專家開展技術培訓、給予群眾資金支持，並按照高於市場價 10% 的價格回收，成為當地帶貧力最強、解決就業人數最多的企業之一。通過多方聯繫將馬鈴薯良種

▲ 李曉梅查看剛剛收穫的原種

運往全國各地，提高當地馬鈴薯的市場份額。2019 年，李曉梅又在臨夏州東鄉族自治縣建設馬鈴薯良種基地，推進馬鈴薯良種化繁育、標準化種植、精深化加工、品牌化營銷，帶領合作社發展馬鈴薯產業，帶動貧困戶脫貧致富。所有這些舉措，不僅帶動了群眾增收，而且為把馬鈴薯產業做強做優做大、做成品牌奠定了科技和理論基礎，是渭源整縣脫貧摘帽進程中的一劑「催化劑」。

作為農民朋友發家致富的帶頭人，李曉梅創新的企業＋合作社＋基地＋農戶、企業＋扶貧車間＋精準扶貧戶、企業＋金融＋精準扶貧戶、企業＋產業＋勞務、企業＋服務平台＋培訓、企業＋科研院所＋基地＋農戶，以及開發當地馬鈴薯方便食品等產業扶貧的新路徑新模式，讓當地群眾搭上發展致富的「遠航艇」。

身為一個黨組織培養關心成長起來的企業家，李曉梅感恩於黨和政府、感恩於社會，始終熱心於公益事業。她說：「我深感做企業不是我自己一個人的事，是關係到千家萬戶老百姓致富的事。」

在汶川大地震、玉樹地震、舟曲泥石流等自然災害中，她先後捐款、捐送物資 30 多萬元。為清源鎮蛟龍村捐贈水泥 40 噸、免費投放馬鈴薯良種 15 噸，每年為 15 名未就業大學生提供就業崗位，為祁家廟鄉農戶免費投放馬鈴薯良種 40 噸，為全縣五保戶和低保戶捐贈主食化產品價值 35 萬元，為發展本地文化旅遊產業捐款 50 萬元。通過「進千村萬戶、扶貧奔小康」的扶貧行動，為當地 20 名殘疾人提供就業崗位……李曉梅用實際行動傳播着社會正能量。

公司員工汪學英說：「因為有愛，她的人生更加美好，她的事業越做越大，她對我們每位員工可以說是『嚴管』，但我覺得嚴管就是厚愛。她對工作精益求精，從來沒有因為身體的原因而放鬆對公司每一個細節的關注。她在以實際行動感動和影響着公司的每一位員工。」

▲ 李曉梅到貧困戶家中了解情況

「2018 年 9 月份，我受尼泊爾等國家的邀請，參加南亞 27 個國家的女企業家峰會。現在，我在不斷地想辦法、拿措施，爭取把我們的優質馬鈴薯，包括馬鈴薯主食化的一些產品，能夠有效地推廣到『一帶一路』沿線國家和地區，讓他們一同分享這份成果。」李曉梅說這些話時，注視着遠方的目光特別堅定。2019 年 10 月，國務院扶貧開發領導小組授予李曉梅「全國脫貧攻堅獎奉獻獎」。

「天行健，君子以自強不息；地勢坤，君子以厚德載物。」李曉梅身殘志堅篤定追夢、崇尚實幹奮力前行的步伐從未間斷，不斷實現着一個個人生夢想，踐行着一名共產黨員的入黨誓言……

34 東平乘政策東風忙精準扶貧

「在扶貧的路上，不能落下一個貧困家庭，丟下一個貧困群眾。」東平縣位於魯西南，西臨黃河，東望泰山，下轄 3 個街道、9 個鎮、2 個鄉，正乘政策東風忙於精準扶貧。

呂鳳廷，51 歲，商老莊鄉大安山村人。累積欠下六七萬元外債，被識別為建檔立卡貧困戶，盡早擺脫困境是他連做夢都想的事。

呂鳳廷一家 3 口人，妻子腿部殘疾，看病花費家中大部分積蓄，兒子上大學，家庭重擔落在他一人身上。沒門路，政府牽頭聯繫；缺資金，政府幫忙協調；少技術，技術人員上門，各級的扶持救助政策像一股清泉滋潤着呂鳳廷的心田。

當地有一家規模化的菌業養殖公司，無論是管理還是技術都十分成熟，再加上領導的鼓勵和支持，一下子點燃了呂鳳廷的創業激情。2019 年，他家種植 5 畝地的木耳，從菌包下地、灌溉管理到木耳採摘、集中收貨，呂鳳廷都精心管理，細心呵護。快到木耳收獲的時

候，老兩口乾脆把鋪蓋捲搬進田間地頭的小屋裏，看着親手養殖的木耳一天天成長起來，他們臉上的皺紋也慢慢舒展開來。

呂鳳廷盤算着說：一個菌包能產木耳一兩二，一畝地一萬袋菌包就能產到一千二百斤，2019 年木耳的產量又創新高，木耳價格雖然低點，但一畝地純收入還能達到 3500 元左右。從產量到收益，他對木耳種植的成效都很滿意。

呂鳳廷面朝黃土背朝天勞作了大半輩子，從沒想過自己有一天會成為老闆，會有這樣一份產業。他計劃着 2020 年再擴大種植規模，還上多年欠下的外債，鼓起腰包過上揚眉吐氣的好日子！

呂鳳廷種植木耳不但使自己走上脫貧致富的路，而且幫助其他貧

▲ 呂鳳廷向種植大戶學習木耳分揀知識

困戶一起增加收入。木耳豐收的時候，人手不夠，他就僱上十幾個人採摘木耳，其中 7 人是貧困戶。有人問呂鳳廷種木耳有什麼心得時，他說：我感覺自己很有成就感，用心投入就會有回報，找到了致富的門路，咱想着怎麼脫貧啊，就從這個產業上脫貧。

趙寶忠，年近五旬，州城街道北門村人。14 歲時因患骨癌右腿高位截肢，現與 83 歲母親相依為命。他身殘志堅，實現脫貧目標。

由於父親早年去世，趙寶忠早早便挑起家庭生活的重擔。腿腳不便的他，在年輕時學會了修鞋、補鞋的技術。近年來，隨着修鞋、補鞋的人少了，他每天收入 3 — 5 元，生活清苦。2015 年，趙寶忠一家被納入建檔立卡貧困戶。

2016 年 3 月，縣派第一書記程振宏來到該村，對貧困戶開展幫扶。他發現，趙寶忠性格開朗、積極陽光、堅強、不怕吃苦，除了會修鞋補鞋，還會編織蒲草扇子。有這麼多的手藝可以致富奔小康，卻為何受「窮」所困？為何蒲草扇子編得好卻賣不出去，補鞋技術認可卻無本錢開店，循環往覆以致越來越窮？

原來，不缺技術缺路子，是阻礙他發展的一大瓶頸。找準致貧癥結，方可因貧施策，精準發力。針對趙寶忠的實際情況，程振宏與州城街道和上級幫扶領導協商，決定發揮社會愛心組織的力量，通過互聯網進行「叫賣」蒲草扇。2017 年，在東平生活網志願者協會的幫助下，他通過網絡銷售蒲草扇子 200 餘把，短短幾天收入近 3000 元。

一個偶然的機會，程振宏和村幹部發現趙寶忠正在給一位年長的老人免費理髮。看到這，他們商量既然趙寶忠會理髮，為什麼不能把

▲ 社會各界人士積極幫助趙寶忠賣扇子

這個「頂上功夫」做成養家糊口掙錢的買賣，幫他開一間理髮店呢。

決定既出，程振宏立馬與趙寶忠商量。苦於沒有本錢，趙寶忠犯了難。程振宏與縣武裝部負責同志聯繫，說明情況後，縣武裝部立刻支持，並承諾將刮臉刀、電吹風機、熱水器、美髮椅等理髮器材一周內給他配齊。看到各級部門的熱心幫扶，與趙寶忠搭鄰居的一位退休老師深受感動，伸出援手，免費為趙寶忠提供一間沿街店面。就這樣，在社會各界人士的共同努力下，趙寶忠的理髮店很快開了起來，經營得有聲有色。

作為一名殘疾人，趙寶忠在創業的路上難免會遇到困難和挫折，但他不等不靠，用雙手創造着屬於自己的價值，詮釋着生命的意義。

「感謝黨和政府點亮我心中的希望之火！我也想通過自己的行動，鼓勵那些仍處在困境的殘疾人朋友，人窮志不能窮，只要堅持，便會有收獲。讓他們從等待救助，變為自我幫扶，最終實現脫貧。」趙寶忠如是說。

趙樂強，44歲，彭集街道葦子河村人。當年光榮參軍入伍，並加入中國共產黨。服役五年後復員回村務農，在一次事故中不幸造成下肢肢體嚴重損傷，腰部神經受傷。

「回想往事，真不想活了。」趙樂強眼裏噙着淚花說，拄着枴杖的雙手也微微顫抖，「真沒想到啊，我還能活成今天這樣，就像做夢一樣。」

在交流中得知，他的情況引起村「兩委」的高度重視，村支書張振平和其他村幹部商議後，及時召開民主評議會議，按照程序，精準識別趙樂強為建檔立卡貧困戶。第一時間為他申請低保救助，幫他落實殘疾人兩項補貼，免交醫療保險金。政府出資為他辦理扶貧特惠保險，實行先住院後付費，合作醫療二次報銷。

有人說，趙樂強只要在家待着，僅憑政府兜底下半生也能衣食無憂，可他不願聽天由命。趙樂強說：「我是一名軍人，是一名黨員，不能坐享其成，我要有尊嚴地活着，不能成為社會的負擔！」街道包戶幹部張良和村幹部被他的這種精神感動，積極幫助他尋找創業致富門路。經多方籌措資金，幫他開了一個副食茶行店。在他的精心打理下，生意一直不錯，為穩定脫貧打下經濟基礎。2018年，經人介紹，娶了聊城高唐的姑娘張宗香，建起幸福美滿的家庭。

街道分管扶貧幹部高軍多次與民政殘聯部門溝通協調，盡最大努

力為趙樂強爭取一些相關政策和慰問品。他愛人也找到一份工作，現在小兩口的小日子越過越好。趙樂強變得更樂觀，不但帶頭支持村裏的各項工作，還幫助其他貧困戶解決一些力所能及的困難。

陳兆行，48歲，梯門鎮東瓦莊村村民。從小身高就矮於同齡人的他，作為家中的頂梁柱，面對患有智力障礙的妻子，從來沒有失去對生活的熱情與信心。

「13年前閨女的降生，讓我對生活不敢有絲毫懈怠，一個人又當爹又當媽地把她拉扯大，在閨女順利升入小學後，自己白天終於可以踏踏實實地幹些活了。」陳兆行回憶着往事說，「由於我的身體條件有限，又要照顧生活無法自理的妻子，我無法外出打工，只能在家幹些農活。這時精準扶貧的春風颳進梯門，我的生活逐漸灑滿陽光。」

村委會針對陳兆行一家的特殊情況，由村合作社對錢為他家建設兩個大棚，並教會陳兆行種植蔬菜的技術。「掌握這門技術後，我似乎對生活更有動力，在大棚裏常常一幹就是六七個小時，到家吃兩口飯回來接着幹，終於功夫不負有心人，2017年我種的土豆、西紅柿等蔬菜就純掙近4萬元，這是我萬萬沒想到的，拿着這錢我為閨女買來新衣服和新書包，看到閨女臉上燦爛的笑容，這是我第一次感受到當爹的自豪感。」陳兆行興奮地說。

「他種啥，我就種啥。他是黨員幹部，我跟在他後面幹，準錯不了！」陳兆行自信地說。原來，2017年3月東平縣委組織部開展與壽光市結對子活動。東瓦莊村和壽光市文家街道桑家營村結成了對子，建起「蔬菜林果大棚示範園」。為了讓村民放心，積極加入到大棚產業中來，村裏組織黨員幹部帶頭到桑家營子學技術、回村包大棚。黨

員陳日銀學成回村後率先承包 8 個蔬菜大棚,並指導帶動陳兆行開始種植。

孟現國,54 歲,彭集街道王莊村人。因小時疾病造成下肢殘疾,行動不便,喪失勞動能力被評為低保戶,2014 年被識別為貧困戶。

孟現國的母親王明蘭,出生於 1933 年。他和母親一個年過半百,一個年踰八旬。當時家庭收入來源全靠一畝地和低保金,兩項加在一塊人均不超過 2300 元。自 2016 年起,生活開始有了轉機,黨的多項扶貧政策的實施,上級各級政府的幫扶,使得家庭收入明顯增加。

孟現國雖身有殘疾,但總想通過自身努力脫貧致富。王莊村縣派第一書記方霞是個熱心腸,經過多次家訪得知他的想法後,心裏就放不下。然而,萬事說起來容易做起來難。由於孟現國身體條件受限,又沒有什麼文化,很難找到適合的工作崗位。考慮到孟現國自小心靈手巧、好學肯吃苦的優勢,方霞經過多方協調,給他找了個修鞋補鞋的活。在徵得孟現國的同意後,方霞主動幫忙聯繫購買修鞋補鞋所用的一切工具,吃住都安排妥當後又給他聯繫好老師。經過一個多月的學習,孟現國就能獨立幹活,收入慢慢地從每月幾十元,逐漸增加到幾百元。2016 年,孟現國修鞋補鞋收入 2000 元,加上村扶貧項目收益,家庭人均收入突破 3000 多元。2017 年,他家庭人均收入突破 9000 元,實現家庭脫貧,走上致富路。

每當孟現國與他人分享脫貧致富經驗時,他總是激動地說:「我要感謝黨和政府,感謝國家的扶貧政策,感謝方霞書記,是黨和政府讓我這個殘疾家庭脫貧過上了好日子!」

35 真扶貧、扶真貧、真脫貧

　　「貧困之冰，非一日之寒；破冰之功，非一春之暖。」做好扶貧開發工作，打贏脫貧攻堅戰，就要拿出踏石留印、抓鐵有痕的勁頭，發揚釘釘子精神，鍥而不捨、馳而不息抓下去。西藏自治區農牧科學院第八批駐村工作隊進駐邊壩縣以來，把開展精準扶貧工作，同開展「不忘初心、牢記使命」主題教育結合起來，真學實幹、真抓苦幹。引入單位農牧業研究成果，多方面協調人力物力，真扶貧、扶真貧、真脫貧，贏得當地幹部群眾廣泛好評。

推廣和引入成熟科研產品

　　引入青稞新品種，讓村民增產增收。自治區農科院自主選育的「藏青 2000」，抗逆性較強，豐產性很高，是西藏目前主推的良種。沒有更換青稞品種之前，村裏農戶的產量約為 300—350 斤 / 畝；更換良種之後，青稞的產量已達到 450—500 斤 / 畝。這雖然沒有達到青稞主產區日喀則市的 800 斤 / 畝的高產，但在本村增產效果明顯，已達到 42%—50%。

▲ 青稞新品種「藏青 2000」

引進脫毒馬鈴薯種薯，減少自發病害。當地過去沒有或者很少種植馬鈴薯，即便種植的也是自留種且多年連續使用，種薯體內集聚較多內源病菌，種植後植株抗性低易發病，導致產量不高。以前，馬鈴薯種植戶的畝產量在 3000 — 3500 斤。引進脫毒馬鈴薯種薯之後，畝產量達到 4500 — 5000 斤，增產效果明顯，為 42% — 50%。

引入蔬菜良種，發展蔬菜種植。工作隊購買調運 10 個種類的蔬菜良種，組織開展種植技術培訓，讓村民種出多種蔬菜。過去雄日村百姓吃菜難、吃菜貴、菜品單一等問題得到有效解決，多餘的還可以外售增加收入。

引進抗性高、豐產性強的牧草種子 —— 黑燕麥。針對邊壩縣冬季牲畜缺草料的實際情況，提供 3700 斤黑燕麥草種。2019 年種植之後牧草產量提高，與以前相比增產 35% 左右。

推廣和傳入成熟科研技術

為了更好發揮區農科院農業科技扶貧的優勢，積極爭取培訓經費、協調農業領域各類專家組織開展技術培訓。針對田間的具體操作，前期重點開展現場操作指導。同時，見縫插針，利用農牧民相對空閑，組織系統的理論學習和培訓，運用理論知識指導實際操作，把真正的致富技術傳到老百姓手中。

組織專家到邊壩縣拉孜鄉的批果村、繞村、門貢村和雄日村，開展技術培訓。培訓的內容是蔬菜病蟲害綠色防控技術，主要包括蔬菜育苗技術、溫室蔬菜栽培關鍵技術、不同蔬菜栽培特點及標準化生產、露地蔬菜種植技術、葉菜類病蟲害認知及防治。培訓的方式是種植理論課及現場指導解決具體問題，中午利用幻燈片將技術理論和圖片製作課件，在雄日村村委會集中授課，鼓勵學員提問當場解答。

蔬菜育苗技術，是針對當地學員以往都是直接撒播和穴播，存在不少問題。介紹穴盤育苗技術，優點有省工省力，苗齡比常規苗縮短10－20天，提高勞動效率，減輕勞動強度，減少工作量；能節省種子和育苗場地；育苗成本低；沒有緩苗期；穴盤中每穴內種苗相對獨立，既減少相互間病蟲害的傳播，又減少小苗間營養的爭奪，根系也能得到充分發育，提高育苗質量。

不同蔬菜栽培特點及蔬菜標準化生產，是針對棚內種植不同蔬菜栽培特點的具體種植措施方法，以期達到增產豐產的目的。

露地蔬菜種植，是針對拉孜鄉棚外露地很少有蔬菜種植的現象，培訓露地蔬菜栽培技術，以期達到擴大蔬菜種植的目的。

溫室蔬菜栽培關鍵技術，是決定溫室蔬菜栽培能否成功的主要技術。經過提煉突出重點，便於學員快速掌握操作實施。

▲ 批果村培訓現場

　　葉菜類蟲害認知和防治，是讓學員認識危害蔬菜生長的害蟲，如果蔬菜種植過程出現了，知道是什麼在危害蔬菜，並對此採取針對性的防治措施。指導學員在溫室的棚膜上開口製成腰窗便於通風管理，防治害蟲。針對當地學員都有不噴施農藥的風俗習慣，建議學員開棚後，利用雜草生火進行煙熏，驅趕害蟲。

　　特別是針對繞村溫室內出現蝸牛危害，結合當地學員都有不噴施農藥的風俗習慣，建議學員利用自家戶內的草木灰向菜葉上撒施，保持蔬菜葉片乾燥，蝸牛喜歡潮濕環境自然會遠離菜葉。通過物理方法可以解決蝸牛危害菜葉。食用時抖動蔬菜附着的草木灰，再清洗就可以了。

　　這次蔬菜栽培技術培訓，學員們都比較專業化地掌握了蔬菜的種植知識，奠定了增產增收的技術基礎，為打贏脫貧攻堅戰注入了生機與活力。

開展非耕地利用和試驗

抓工作，要有雄心壯志，更要有科學態度。打贏脫貧攻堅戰不是搞運動、一陣風，要真扶貧、扶真貧、真脫貧，要經得起實踐、人民、時間的檢驗。針對邊壩縣轄區內普遍存在大量荒山等非耕地，工作隊還利用非耕地種植技術開展菊芋種植。試驗研究探索荒山利用，這為開展脫貧攻堅提供試驗理論支持。

脫貧攻堅戰必須用攻堅戰的辦法打，關鍵在準、實兩個字。只有打得準，發出的力才能到位；只有幹得實，打得準才能有力有效。引進區農科院成熟的科研產品投入到實際生產上，開展技術培訓讓學員理解和掌握農業生產的先進技術，綜合因素促使農業生產得到突破性增產，讓當地農牧民切實有了收益，增強了他們的獲得感幸福感安全感。

當前老百姓都願意投入農業生產，對發展農業產業充滿信心，對美好幸福生活充滿希望。

36 山美水美人更美

今日之中國，呈現出一派山美水美大景觀。山美水美的背後，是280多萬駐村幹部、第一書記。他（她）是一群更美的人，和群眾想在一起、幹在一起，用辛勤汗水和無私奉獻甚至是生命打通精準扶貧的「最後一公里」，兌現着黨向人民作出的莊嚴承諾。

江西修水縣：「最美麗的青春，永遠定格在扶貧路上。」

這樣的悲劇很罕見，但這樣任勞任怨的基層幹部不在少數。2018年12月16日下午，「90後」基層幹部夫婦在訪問貧困戶途中車輛失控墜河。28歲的丈夫吳應譜，23歲的妻子樊貞子及其腹中兩個月的胎兒不幸溺水遇難。

那天是周日，大椿鄉幹部樊貞子前往距離縣城約3小時車程的船艙村入戶調研。擔心山路險峻，在復原鄉雅洋村擔任第一書記的丈夫吳應譜與妻子同行。二人返回縣城，途經溪口鎮易家灣路段時意外發生了。

　　樊貞子是鄉裏 2017 年招錄的公務員，1995 年出生。2017 年 11 月 7 日，她和吳應譜登記結婚。樊貞子的家庭條件不錯，是家中的「千金寶貝」。她剛剛懷孕那陣，正好是扶貧工作最忙的時候，家人勸她換個工作。大椿鄉黨委書記晏少兵說，「她一直堅持工作，說關鍵時刻不能掉鏈子。」

　　樊貞子幫扶的大楊村，2019 年實現了脫貧摘帽。「我們打心底裏為他們感到驕傲。」提到妹妹和妹夫，姐姐樊英子激動難抑，「村民日子越來越好，是對他們最好的告慰。」

山西臨縣：「我應該還能做得更好，我做得還不夠好，我還要向戰友們學習先進經驗。」

　　2017 年 8 月 11 日，高治國被委派到劉家會鎮棗窪村任駐村第一書記。棗窪村？軟弱渙散信訪大村、激烈鬥爭矛盾糾紛村、歷史上的刑事案件發生地村……

　　上任第一天，高治國到老主任家拜訪，年踰花甲且聽力微弱的老主任說：「高書記，我勸你還是別來了，這個村好不了，全縣都對這個村頭疼，你來了，能好了？」他入戶走訪每一戶群眾，細究研判，得出這個村的症結所在：基層幹部隊伍長期缺失，老主任年老體邁無法勝任村務工作，造成信訪不斷、軟弱渙散的現狀。

　　複雜情勢，千絲萬縷。先從健全基層班子做起，沒有一個堅強有力的基層班子帶領，就沒有扭轉頹勢的可能性。本着公開、公平、透明的原則，成功選出新一屆村「兩委」班子。

　　班子健全，就思考如何解棗窪村信訪問題。高治國入戶走訪當事人，把矛盾雙方叫在一起，直面問題本質，對各方分析利害處，動

之以情、曉之以理，在保持原則底線的基礎上成功化解積怨多年的心結，雙方握手言和，共同聚力脫貧事業。

徹底改變貧困村面貌，只有發展壯大村集體經濟。高治國日思夜想，決定利用棗窪村漫山遍野的棗樹林資源，主打棗花蜜。目前發展為近 200 箱蜜蜂，預計年產值可達 40 萬元。

2017 年、2018 年，高治國連續被臨縣縣委、縣政府評為年度農村優秀第一書記，並授予勞模稱號。這些榮譽沒有使他驕傲，反而讓他為脫貧奔跑的腳步不敢有片刻停歇。

河南修武縣：「固本需強基，扶貧先扶志與扶智。」

一段只有 14 秒的視頻，卻牽出一段感人至深的扶貧故事：一位老人動情地歌唱：「母親只生了我的身，黨的光輝照我心……」老人名叫蘆喜梅，視頻拍攝者名叫石雪，修武縣公安局駐西村鄉圪料返村第一書記。一曲結束，蘆喜梅拉着石雪的手說：「俺唱這支歌，就是想感謝黨、感謝政府對俺家的幫助。沒有恁，俺真不知道這日子該咋過呀！」

2017 年，石雪在脫貧攻堅的關鍵節點，主動請纓到西村鄉圪料返村任第一書記。該村位於修武縣城西北部山區，建檔立卡 142 戶 503 人。初到村子時，有人說：「公安局偵查破案是行家裏手，脫貧攻堅能幹點啥？派就派吧，還派來個女的，看着吧，肯定幹不了幾天就得走人。」石雪並沒有因此氣餒，更加下定決心，用實際行動改變村民對自己的看法。

扶貧必先扶志與扶智。石雪根據鄉村振興戰略，細化積分管理辦法。2019 年 3 月，圪料返村「警民愛心超市」開張，在這裏購物得憑

▲ 扶貧幹部石雪開辦警民愛心超市並為群眾發放積分卡

積分，如積 1 分可以「買」一袋食鹽，積 100 分可以「買」一個電飯煲。

如何積分？根據「警民愛心超市積分管理制度」規定，村民改善種植結構、開展幫貧活動、按規定傾倒垃圾、保持房前屋後乾淨整潔等行為，都可以獲得不等積分。

「警民愛心超市通過積分獎勵免費兌換的方式，引導群眾積極發展生產、崇尚文明新風，為扎實推進鄉村振興奠定堅實的基礎。」石雪說。

堅持開辦「敏事夜習」課堂，每月 1 號、15 號組織群眾在村委會進行學習。村規民約等關乎群眾日常生產和生活的課堂逐一開設，受教育的群眾上自古稀老人下至孩童，形成人人參與、個個學習的良好氛圍。

「一定要讓村民的口袋鼓起來。」為幫助村子長遠發展，石雪帶領「兩委」幹部和村民代表，先後到三門峽靈寶、陝西咸陽、山西呂梁等地考察，逐步確立「雜交構樹產業＋精準扶貧車間＋光伏發電項目」的發展思路。

目前，投資 65 萬元的 100 畝雜交構樹已完成種植，預計每年可為村集體增加收入 17 萬元。聯繫建成精準扶貧飾品加工車間，村民在家門口就能就業增收。投資 45 萬元的光伏發電項目每年可收益 6 萬元，成為貧困戶脫貧增收的有力保障。如今，圪料返村貧困戶僅剩 1 戶 5 人，貧困發生率為 0.42%，摘掉了省級貧困村的帽子。

廣西桂平市：「我就不相信這滿眼翠綠的小鄉村會有這個『邪』？」

團結村屬於下灣鎮 8 個貧困村之一，貧困戶共計 94 戶，貧困人口 438 人。近年來，出現了「團結村不團結」的現象。劉偉來鄉鎮報到的第一天，鎮黨委黎書記就明確告訴他這個事。劉偉自信地說，我就不相信這滿眼翠綠的小鄉村會有這個「邪」？

村民中有一句順口溜：支書想幹不會幹，主任會幹不想幹，兵長幹幹停停看，文書埋頭默默幹。劉偉到村後，看到這樣的狀況，並沒有退縮。火車跑得快，全靠車頭帶。他協調幾個村委幹部的分工，激發他們幹事的勁頭。組織村中在家青年莫運全、莫枝添等參加各類活動，以活動促後備幹部的培養。在「兩不愁三保障」統計工作中，劉偉把駐村幫扶人分成四個組，分別協助四個分片村開展各項統計工作，大夥的工作態度有了積極變化，辦事的效率明顯提高。

做實事聚人心，提高群眾向心力。劉偉多次組織村「兩委」幹

部和工作隊深入矛盾最集中的地方，解決群眾最需要解決的問題。例如，向後盾單位爭取 5 萬元，用於全村最需要的樹羅嶺道路建設和主要路段路燈鋪設等。

幹群關係和諧了，如果幫扶村民有產業信托，鼓起錢袋子，團結村就有了團結發展的原動力。在「特」字上面做文章，打造中藥材和芳樟樹產業基地，實行村民合作社與專業合作、村民合作與公司共同註冊公司等模式，創新村集體經濟發展模式。截至 2018 年底，團結村的貧困發生率為 4.24%；2019 年 11 月底降到 1.7%。

陝西寧陝縣：「扶貧扶長遠，長遠看產業。」

寧陝是地處秦巴集中連片特困地區的國家級貧困縣，全縣建檔立卡貧困人口 7149 戶 20221 人，貧困發生率達 34.05%。作為扶貧局長，黃國慶常說：「扶貧扶長遠，長遠看產業。」

寧陝擁有得天獨厚的生態優勢，如何揚長避短、深挖潛力是打贏脫貧攻堅戰的關鍵？

「生態 + 旅遊」，把綠水青山變成老百姓的金山銀山。黃國慶提出旅遊脫貧要創出示範樣板，牽頭製定用地保障、金融信貸等項政策，總結建設核心景區帶動就業脫貧、發展鄉村旅遊帶動創業脫貧等四條路徑，打造出社區性開發的「皇冠模式」、股份制開發的「漫溝模式」等，有 2752 名群眾參與到生態旅遊產業發展中，帶動 584 戶 1806 名貧困人口脫貧。其中股份制開發的「漫溝模式」被國家旅遊局確定為全國 61 個「協會 + 農戶」旅遊扶貧示範項目之一，被國務院扶貧辦評為全國鄉村旅遊扶貧典型案例。

「生態 + 產業」，通過生態產業促進農民穩定增收。黃國慶大力推

動生態農業、特色農業，全縣建成高標準核桃園 13 萬畝、板栗園 22 萬畝，林麝、梅花鹿養殖存欄量 1000 餘頭，中蜂養殖 2.4 萬餘箱；發展林下天麻、豬苓 730 萬窩，獲得國家地理標誌產品認證、入選「陝西十大秦藥」；年發展食用菌 1000 萬餘袋，「天華山」香菇獲得省級名牌。堅持「一村一業、一業一社」，71 個行政村實現村級集體經濟組織全覆蓋，培育市場主體 336 個，實現全縣 6080 戶貧困戶中長線產業和市場主體帶動兩個全覆蓋。2017 年，他提出打造「一個中心、兩條戰線、五個平台、百家網點」消費扶貧體系。2018 年，完成電子商務綜合交易總額 1.5 億元，覆蓋帶動 2675 名貧困人口脫貧。

「生態＋改革」，讓貧困群眾在生態保護中享受紅利。寧陝的生態改革始終走在全省的前列，2016 年率先實施貧困戶就地轉化生態護林員的扶貧路子，構建林業、國土、水利和環保「四位一體」生態環境網格化監管體系。全縣聘任 812 名貧困勞動力為生態護林員，使他們戶均年增收 7000 元。推進林業產業改革，全縣 306.2 萬畝集體林地產權全部確權落實到村到戶，流轉林地 85 萬畝，開展林權抵押 3.17 萬畝，發放林權抵押貸款 6337 萬元。2016 年在全國貧困縣中率先完善公益林補償投入標準，將 65 萬畝省級公益林補償標準由每畝 5 元提高到 15 元，3344 戶貧困戶享受生態公益林補償政策，戶均補償資金達到 1400 元。641 戶 2004 名貧困戶享受退耕還林補助政策，戶均增收 3200 元。組建森林經營管理合作社 29 家，帶動 595 戶貧困戶人均增收 3600 元。

精準扶貧的故事

章文光　主編

責任編輯　蕭　健
裝幀設計　譚一清
排　　版　黎　浪
印　　務　劉漢舉

出版　　開明書店
　　　　香港北角英皇道 499 號北角工業大廈一樓 B
　　　　電話：（852）2137 2338　　傳真：（852）2713 8202
　　　　電子郵件：info@chunghwabook.com.hk
　　　　網址：http://www.chunghwabook.com.hk

發行　　香港聯合書刊物流有限公司
　　　　香港新界荃灣德士古道 220-248 號
　　　　荃灣工業中心 16 樓
　　　　電話：（852）2150 2100　　傳真：（852）2407 3062
　　　　電子郵件：info@suplogistics.com.hk

印刷　　美雅印刷製本有限公司
　　　　香港觀塘榮業街 6 號 海濱工業大廈 4 樓 A 室

版次　　2023 年 2 月初版
　　　　© 2023 開明書店

規格　　16 開（210mm×153mm）

　　　　978-962-459-275-7